生活に根ざした
かく・つくる・造形遊び

中井 清津子 著

たかめあい

ふれあい

であい

株式会社 サクラクレパス 出版部

はじめに
「生活に根ざした造形表現」を求めて

　平成30年度施行「幼稚園教育要領」「保育所保育指針」「幼保連携型認定こども園教育・保育要領」の大きなポイントは、教育のねらいや内容を共通化し、3歳以上の子どもは幼稚園・保育所・認定こども園のどの園に在籍していても、良質な教育・保育を受けることを可能にしているところです。良質な保育とは、どのような保育なのか、今後保育者自身が問い続けなければならない課題でもあると思います。

　良質な保育とは、まず子ども自身が主体的に物に関わり、物と向き合い、そのことを人に伝えたり人と共感したりしながら、自分の見方や考え方を広げ、仲間と共に自分たちの生活に生かすことであると考えます。今、「主体的・対話的で深い学び」ができる保育や保育の展開が求められていますが、それはまさしく造形表現が求めてきたことでもあります。

　子どもたちの生活は、造形表現で満ち溢れています。トイレのスリッパを並べている子どもの姿にも、デザイン性を感じることがあります。「赤いスリッパ・黄色いスリッパ・青いスリッパ」と順番に並べている子どもや「赤いスリッパばかり・黄色いスリッパばかり・青いスリッパばかり」と同じ色を集めて並べている子どもなど、様々な並べ方をします。子どもは自然に色に興味をもち、色から受ける感覚もそれぞれで異なります。子どもにとってはトイレの使い方の一部だとしても、造形的な側面からも大切な環境です。どのような色のスリッパを置くのか、もちろん生活習慣としての意味も大事にしながら準備しなければなりません。このように、生活の中に環境をどのように構成するのかが大切になります。生活の中にあるあらゆるものが子どもにとって魅力的で造形的価値が高いものでありたいと考えます。

　保育は生活の場であり暮らしを学ぶ場であると考えますと、生活を通して造形表現を豊かにするためには、「生活に根ざした表現活動」でありたいと思います。子どもは特に描いたり作ったりして表現することにより、その対象へのイメージや思いを豊かにし、夢を広げることができるのです。私が幼稚園で働いていたときに、担任が秋の歌を教えていました。担任が「小人さんはどんなところに住んでいるのかな」と問いかけたところ、ある子どもが「教えてあげる」と、部屋の隅に常時置かれている画用紙と鉛筆を出してきて、絵を描き始めました。すると他の子どもたちも「わたしも描く」と言いながら、28名全員が「小人さんが住んでいるところ」の絵を描き始めたのです。黙々と描いた後には、「木の上におうちがあって、お父さんやお母さんがいてご飯を食べているの」「木のブランコに乗って遊んでいるの」と次々に話し、翌日には絵の具や色鉛筆を使ってさらに描き足していました。

　どの子も生き生きとした楽しい表現ができました。私は、この子どもたちの姿から絵を描くことの意味は何なのかと考えさせられ、次のことを学びました。

木のブランコをしているよ

シャボン玉の中で遊んでいるよ

「絵は子どもの伝えたいことであり、感じたり考えたりしたことをそのときに表現するものである」

　「どのような絵を描かせたらよいか分からない」「どのような材料を使って製作したらよいのか教えてほしい」など、題材や材料・用具に関する質問を受けることがよくありますが、そんなとき私は「生活の中で、今興味をもっているものは何か」「ワクワク・ドキドキする環境は何か」と尋ねるようにしています。保育者が、一方的に描かせたり作らせたりするのではなく、子どもの興味・関心に基づき、絵を描いたり物を作ったりすることにより、関心が広がり、関わりが深まることが大切です。

　造形活動で表現するという行為を通して、感じたこと・学んだことが、将来のその子どもにとって意味深いものになっていくだろうと期待し、要領・指針の「育みたい資質・能力」及び「幼児期の終わりまでに育ってほしい姿」を意識しながら、「生活に根ざした造形表現」と「保育の展開」を捉え、この本を作成しました。

　子どもがワクワク・ドキドキ心を動かす環境を考え、子どもと共に学びの多い生活を創り出し、保育の本質に迫るために、この本を活用していただけたら幸いです。

2019年4月　　　　中井 清津子

目次

はじめに 「生活に根ざした造形表現」を求めて ……………………………………………… 2
目次 …………………………………………………………………………………………………… 4
保育における造形表現の意味を捉えて …………………………………………………………… 6
この本の使い方 「生活に根ざした造形表現」と「保育の展開」 ………………………………… 16
知っておきたい 要領・指針のポイント ………………………………………………………… 18

かく遊び

かく遊びの材料・用具 ……………………………………………………………………… 22

3歳児	6月	パス・クレヨンでかく	おいしいおにぎりをつくろう	24
	7月	デカルコマニーであそぶ	きれいな模様ができたよ	28
	9月	絵の具であそぶ	ペンキ屋さんになろう	32
4歳児	5月	パスでかく	カタツムリとお散歩したよ	36
	6月	ローラーであそぶ	見て見て！ぼくたちのおうち	40
	7月	サインペンでかく	カメの友達をかいたよ	44
	9月	絵の具でかく	サツマイモを掘ったよ	48
	10月	パスでかく	玉入れ、いっぱい入ったよ	52
5歳児	4月	絵の具でかく	タケノコを見つけたよ	56
	5月	サインペンとコンテでかく	エンドウ豆、どんどん伸びるよ	60
	6月	サインペンと絵の具でかく	あのカエル、どうしているかな	64
	10月	サインペンとコンテでかく	ライオンってかっこいい！	68
	11月	絵の具とパスでかく	こんな木があったらいいな	72
	2月	版であそぶ	つなげたら船になったよ	76

つくる遊び

つくる遊びの材料・用具 ... 80

3歳児
6月	箱でつくる	積んだり並べたり楽しいね ... 82
10月	紙コップ・紙皿でつくる	パクパク人形であそぼう ... 86

4歳児
6月	身近な素材でつくる	くっつけて、〇〇ができたよ ... 90
7月	ポリ袋でつくる	ドレスでお姫様に変身！ ... 94
10月	自然物でつくる	木の実・木の葉でごちそうをつくったよ ... 98
11月	身近な素材でつくる	かわいい人形ができたよ ... 102
12月	毛糸でつくる	クルクル巻いて洋服をつくろう ... 106

5歳児
5月	ペットボトルでつくる	キラキラ光って素敵だね ... 110
6月	牛乳パックでつくる	並べてつくって変身したよ ... 114
7月	木片でつくる	乗ってみたい船をつくろう ... 118
9月	段ボールでつくる	おしゃれなおうちができたよ ... 122

造形遊び

造形遊びの材料・用具 ... 126

3歳児
5月	小麦粉粘土であそぶ	やわらかい！クルクル丸めて…… ... 128
7月	絵の具であそぶ	ヌルヌル、ペタペタ、いい気持ち ... 132

4歳児
6月	新聞紙であそぶ	ビリビリ、カサカサ、〇〇にもなるよ ... 136
11月	落ち葉であそぶ	落ち葉で変身しよう ... 140

5歳児
7月	スタンプであそぶ	〇〇みたいできれいだな ... 144
10月	土粘土であそぶ	恐竜はどんなところに住んでいるかな ... 148

年間指導計画　3歳児 ... 152
年間指導計画　4歳児 ... 154
年間指導計画　5歳児 ... 156
おわりに　造形表現の重要性と感性の豊かさや楽しさに気付かされて ... 158

保育における造形表現の意味を捉えて

1　「3つのあい（であい・ふれあい・たかめあい）」の意味

　子どもたちは、日々の生活の中で多くの物と出会います。園庭で自由に絵を描いたり、見つけた新聞紙を身にまとったり、素朴な表現を楽しみます。気分はきっと「わたしは○○なの。かっこいいのよ」と好きなキャラクターになっているつもりでしょう。物と出会い・物と触れ合い・物との関わりを仲間と高め合い、自分たちの生活に意味付けて生活に生かすこと、その過程の中に多くの造形表現としての価値があります。その価値を子どもの興味・関心や主体的な活動と絡み合わせながら、教育的な営みであるねらいや内容を意識し、保育の質を高めていくことが大切なのではないでしょうか。

打てたよ

気持ちいい

グルグルカタツムリ

新聞のドレス、素敵だね

物との「であい」「ふれあい」「たかめあい」の過程において、「子どもが何を感じ・何を学び・子どもの何を育てるのか」を意識するためには、それぞれの過程において求めたい姿を予想する必要があります。次のような姿を予想し、子どもたちと物との「であい」「ふれあい」「たかめあい」を求めて、その内容が豊かになるための環境や援助の在り方を考えることが大切です。

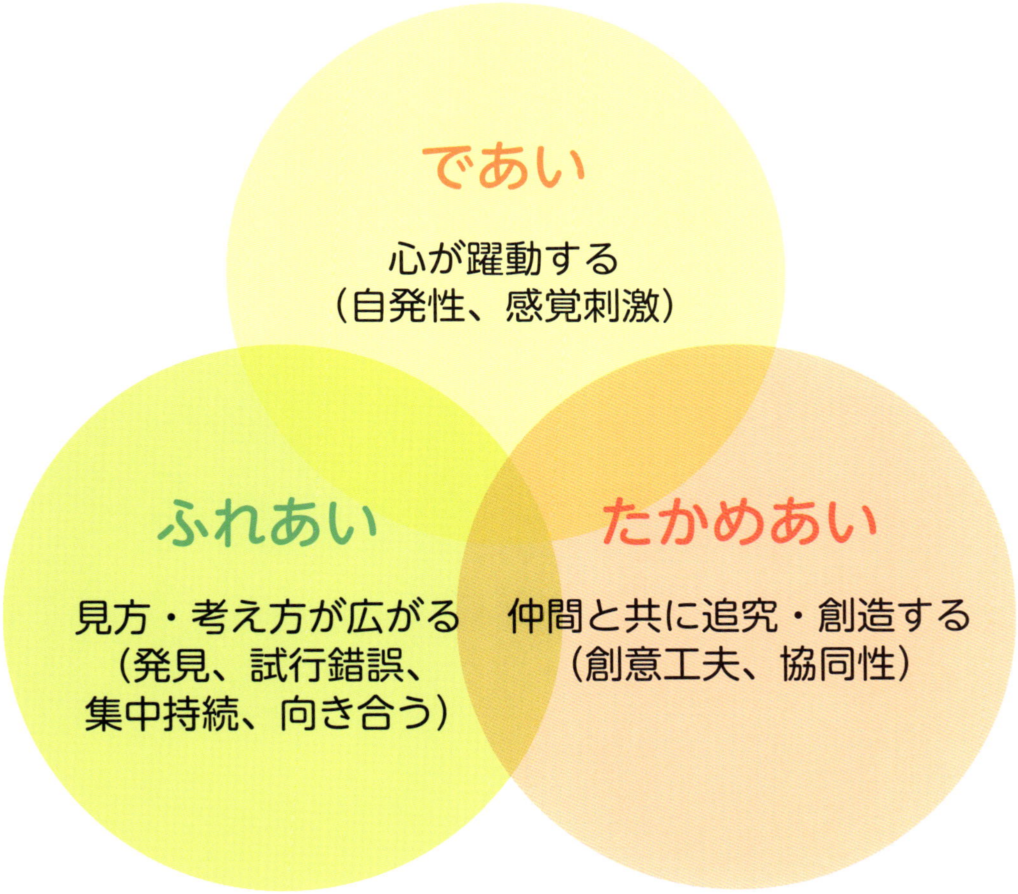

であい
心が躍動する
（自発性、感覚刺激）

ふれあい
見方・考え方が広がる
（発見、試行錯誤、
集中持続、向き合う）

たかめあい
仲間と共に追究・創造する
（創意工夫、協同性）

● (1) 心が躍動する「であい」を

　子どもは様々な環境の中で生活をしています。園・地域・家庭など、身近な環境と自発的に関わり、すごい・きれい・かわいい・おいしい・重たい・ざらざら・つるつる・聞こえるなど、五感を通して様々な感覚を刺激していきます。この感覚刺激が子どもの心を揺さぶり、「心で感じ・体で知り・表現する」という行為につながっていくのです。

自然との出会い

　自然は一つとして同じものがなく、色や形もみんな違います。違うことこそが自然の素晴らしさです。さらに、時とともにどんどん変化していきます。子どもたちはその変化に感動し、不思議さを感じ、どうなるのだろうと好奇心を掻き立てられます。

　きれいに咲いていた桜の花びらが風に舞っている様子・池に浮かんでいる様子などを見て、咲いているときよりも手が届き、自分で関わることができるようになったことでより関心が高まっていきます。さらには、その後、その体験を思い出したのか、保育者が予想しなかったタライに花びらを浮かべるという活動が生まれました。混ぜていると花びらのうずまきができ、それもまた流れやリズムを生み出します。身近にあるものに関わりながら、美しさを感じ、知らず知らずの間に美的感覚を磨くことができる素晴らしい力を自然はもっています。

桜を拾う

桜の花びらと遊ぶ

浮かんでいる桜の花びら

花びらをタライに浮かべて遊ぶ

事 例

4歳児　4月
　登園時、A児は手のひらいっぱいの花びらを「先生、ほら」と差し出し、保育者は「わー、すごい」と花びらをかごに入れた。「幼稚園で拾ったんだよ」と話す声は弾んでいた。朝の準備が終わった後、他児と一緒に花びらを拾いに行くと、それは満開が過ぎた桜の花だった。「お花がダンスしている」「きれい」「お花も踊るんだね」と風に舞う花の美しさに感動し、手のひらいっぱい集めた。また、池に浮かぶ桜の花びらが美しく、「ハートの形や手の形」「お花が笑っている」など、いろいろなものに見立てながら、偶然できた模様に感動していた。

5月
　庭に咲いている、もう咲き終わりの花を摘んで遊んでもよいことを知らせると、近くにあった砂場用の水が入ったタライにその花を入れ、「きれいだね。花畑みたい」と言いながら混ぜたり、水の中で花が動く様子に興味をもって遊んだ。

素材及び材料・用具との出会い

　幼児期に出会う素材は、可塑性に富み、自由に変化するものが子どもの心を開放します。

　フィンガーペインティングでは、ゆび絵の具を手に付け、何度も何度も手形を押し、描けない・できないなどを心配することなく楽しむことができます。パスを持って「グルグルグル」と言いながら線遊びを楽しんでいる子ども、ゆび絵の具で大きく手を動かしベタベタとした感触や指で描いたり消したりなどを繰り返し楽しんでいる子ども、いつの間にか体にも付けて、ボディペインティングになり、全身で絵の具の感触を楽しんでいる子どもなど、様々な姿が見られます。子どもには、絵の具・ゆび絵の具・土粘土・小麦粉粘土・紙粘土・粉粘土などの素材との魅力的な出会いが必要です。幼児期は特に感触を楽しみ、全身で表していきます。素材との出会いの中で、形にこだわることなく、伸び伸びと表現する喜びを感じることが、描いたり作ったりすることへの自分なりの表現を生み出す根っこの部分として大切です。

　大きさや質感の違う紙、箱や容器などの廃材、ひもや布や木片、描いたり作ったりするために必要な筆やはさみなど、子どもたちは多くの材料・用具と出会っていきます。いつも身近にある箱や容器などの廃材も、子どもにとっては新鮮な材料の一つです。

絵の具遊び

　2歳頃になると、実際目の前にないものでもあるかのように見立てて遊ぶことができるようになります。お皿に箱を乗せて「ケーキです」と食べたり、高く積んで「ビルができた」と見上げたり、並べて「アオムシ電車、乗りますか？」などとイメージを広げて遊んだりします。今までの体験を通して得られたイメージにより行われる作用で、象徴的思考が発達していきます。「見立て」や「つもり」の世界を楽しみ、次々とイメージが変化していきます。このような時期に、自分で関わる喜び、操作する喜び、イメージを広げる喜びを感じるような、素材及び材料・用具との出会いが必要です。

箱遊び

(2) 見方・考え方が広がる「ふれあい」を

「幼稚園教育要領」の「第1章　総則　第1　幼稚園教育の基本」には「教師は、幼児との信頼関係を十分に築き、幼児が身近な環境に主体的に関わり、環境との関わり方や意味に気付き、これらを取り組もうとして、試行錯誤したり、考えたりするようになる幼児期の教育における見方・考え方を生かし、幼児と共によりよい教育環境を創造するように努めるものとする」と示されています。

幼児期における「見方・考え方」とは、遊びや生活の中で様々な環境と出会い、物や人と繰り返し関わりながら、今まで気付かなかったことに気付いたり、新たなことを発見したり、自分の思いが実現するために試行錯誤しながら集中持続し取り組んでいく過程での幼児なりの「感じ方や考え方や関わり方」のことです。幼児期は、繰り返しその環境に関わっていきます。

初めて木片に釘打ち遊びをした子どもは、上手に打てずに釘が曲がってしまうことの方が多く、ときには手を打ってしまうこともあります。それが徐々に上手くなり、木の厚さと釘の長さの関係を捉えたり、板の堅さを捉えたり、釘の持ち方や金槌の打ち方が分かったりしていきます。釘をどんどん打ってパチンコゲームを作り、ビー玉を転がしながら釘を打つ位置やコースの曲げ方を工夫していきます。板の傾斜を考えながら、転がることへの発見や工夫が生まれます。このように、遊びながらよりよいものを作りたいという思いから、試したり工夫したりする過程の中に多くの学びがあります。物に触れ合い、向き合い、試行錯誤しながら、思いの実現に向けて取り組む過程に「見方・考え方」が広がる学びの要素が多くあります。

子どもが主体的な活動を展開し、「見方・考え方」を広げるためには、保育者の環境の構成、教材の価値を高める教材研究などが重要です。それぞれの体験が相互に関連し合い、次の体験を生み出すよう、教材の工夫をすることが必要です。

釘を打ちながらビー玉が転がるか試す

友達と相談しながら板をつなげてパチンコゲーム作り

友達の作っているコースを気にかける

（3）仲間と共に追究・創造する「たかめあい」を

　表現は、個々の子どもの内なる思いや夢などを外に表す行為ですが、子どもが表現する姿や内容が、他の子どもの刺激となって影響し合い、より豊かな表現となっていきます。

　共通の目的に向かって、イメージを共有したり、個々の表現の仕方を取り込んだり、アイデアを出し合って仲間と一緒に創意工夫する、遊びや生活が楽しくなるための過程が大切です。ただし、個々の表現のよさが、仲間と刺激し合うことでより楽しくなったり、新たな創造力を生み出したり、協同性が育つものでなければなりません。

イメージを共有しながらグループですごろく作り

相談・協力しながら木片で船作り

大きなキャンバスで刺激を受け合いながら画家気分

共通の目的の実現に向けて、仲間と共に想像力を働かせながらやり遂げる

作った人形で劇遊び

それぞれの創意工夫を生かした飾り屋さん

> **事例**

5歳児　1月

　影踏みをして遊んでいた子どもたちが、劇場ごっこで影絵をすることになった。

　最初は指で影絵をしていたが、おはなしを考えていく中で、いろいろな動物が出る方が面白いという子どもの思いから、紙を切って顔を描いた動物を映した。しかしこれだと形しか映らず「目や鼻がない」「ここに描いてあるのに消える」と困っている子どもたちへ、保育者が「本当だね。どうしたらいいかな」と一緒に考えた。別の紙に穴をあけて映すと「映った」「すごい」と感動し、目や鼻も切って映すことができた。さらには、背景はどのようにしたらよいかなどを仲間と相談したり、映し出された画面から互いの作品のよさを認め合う姿が多く見られた。

影ができた

　この事例では、光の美しさや不思議さを感じて表現することができたことにより、「ここを切った方が分かるね」「口がないよ」と互いに自分の考えを伝えたり、友達の作品をよく見たりすることができた。このように、造形表現では共通の目的に向かって、仲間と共に追究したり、創意工夫したりしながら協同性を育むことができる。

どうして目がないの

これ、何か分かる？

ウサギさんだ、かっこいい！

2　生活との関連性（感動体験を豊かに！）

　子どもが絵を描いたり物を作ったりすることは、本来作品を飾るためではなく遊ぶための行為です。絵を描く行為は、描いている過程の中で自分の思いや夢、期待などを楽しんだり、言葉で伝えにくいことを表したりする伝達機能をもっています。車ができると走らせる道が作りたくなったり、人形ができると住むおうちが必要になり、材料を探して作ったり、遊びが展開していきます。遊びを展開していく過程の中で、遊びに必要なものを描いたり作ったりすることが子どもにとって自然で素朴で、日常的に行われる造形表現です。このことを意識して、日頃の生活の中の造形表現を大切にしたいものです。

● (1) 絵を描く遊び

　子どもは生活の中で様々なできごとに出会います。園外保育や運動会などの行事のように非日常的なこと、雨や雪が降る・風が強い・暑いなどの身近な自然現象、アオムシからチョウチョへの成長・ウサギの死などの命との出会い、絵本からイメージを広げたり自分でおはなしを作ったりするなどの文化との出会いなど、様々な感動体験を通し、自分の思いを絵に表していきます。幼児期は、心を動かしたことからさらに、自分の夢や期待を色や形で表現していきます。これは大人が考える概念的な表現ではありません。また、感動したことがその子どもによっても違います。保育者にとって大切なことは、一人一人の絵に込められた思いを読み取り、理解し、共感する姿勢です。とはいっても言語表現がまだまだ未発達な年齢の子どもたちなので、絵の中からその子らしさや他児との違いを見つけ、その作品の素敵さに共感することが大切です。描く遊びは体験や感動したことからさらにイメージを広げ、想像力を豊かにします。また、イメージと形と言葉を関連付けていきながら、情動をともなっておはなしを創り出していきます。まさしく子どもの絵はおはなしです。絵を描いて表現することで、空想の世界へと思いを巡らせ、心の豊かさを育んでいきます。

> **事 例**
>
> **5歳児　9月**
>
> 　子どもたちが育てていたヒマワリが大きく成長し、たくさんの種ができ、あまりの重さでその花が頭を垂れていた。みんなでヒマワリを根っこから起こし、種の美しさや多さにびっくりしたり、高さに感動して寝転んだ自分の体と比べたりしながら、育てたヒマワリに興味をもち、「種がいっぱいで数えられない」「AちゃんとBちゃんが寝てもまだ届かない」「ヒマワリは背が高いね」と毎日ヒマワリに関わって遊んだ。「小学校に行っても咲いてほしいな」「種を持って帰ってもいい？」という子どもの思いを取り上げ、小学校に行ったら植えることに期待をもち始めた。保育者の「どんなヒマワリが咲くといいかな」という呼びかけから、絵を描いてヒマワリへの思いを表現することになった。
>
>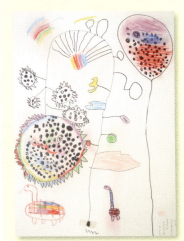
> 頭が重たくて曲がっているよ
>
>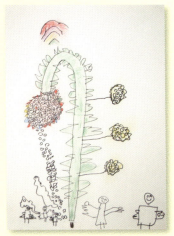
> 種がこぼれるぐらいいっぱいできるよ
>
>
> 大きな花が咲きますように

(2) つくる遊び

　幼児期は、身近なものに積極的に関わり、触れたものを使って遊びます。遊びに必要なものを作ったり、作ったもので遊びを発展させたりします。作り出す過程で試行錯誤したり、つまずいたりしながら、思っているものが作れると達成感を味わうことができ、このことが自信にもつながります。描くこととは違い、何度でもやり直し、作り変えることが容易にできます。作る行為において様々な材料や道具を使うことから、手先の動きや巧緻性を養い、体験を繰り返す中で技術力が高まります。特に長期的な取り組みが必要となる木工遊びなどにおいては、集中・持続する力も育ちます。様々な材料との出会いから、その材料の特性に気付き、それを生かすための構成力や柔軟性、独創性も育ちます。

　作ったものを使った遊びが楽しく展開するためには、環境の工夫や保育者の援助及びアイデアの提供が必要になります。

ドレス、素敵でしょう

(3) 造形遊び

　フィンガーペインティングを手先だけでなく、両腕を動かし全身で楽しんでいる子どもの姿から、開放感を味わい身体感覚を豊かにする体験の大切さを感じます。「感触を楽しむ」ことをねらいとして、砂遊びや泥遊び、絵の具遊びや粘土遊びなどをする中で、手先を通して触覚を働かせ、身体感覚を豊かにしていきます。触覚はあらゆる感覚の基礎になるといわれています。存分に感覚を刺激することで、情緒が安定し、意欲や自信が生まれていきます。最近は、汚れる活動を嫌がる子どももいますが、友達がしている楽しそうな様子を見る機会を作りながら、無理なく徐々に興味をもつように援助しましょう。

　絵を描くことには抵抗がある子どもでも、形を特に意識しなくてよい造形遊びなら気楽に取り組めます。物との関わりで得られた質感や色彩感覚などが、その子どもの血や肉となり、体にしみ込みながら豊かな感性が育っていくのではないでしょうか。

気持ちいいね

ベレー帽になったよ

こんなに伸びたよ

3　保育者の役割

「幼稚園教育要領」「保育所保育指針」「幼保連携型認定こども園教育・保育要領」には、感性と表現に関する領域「表現」についてのねらいが次のように示されています。

　感じたことや考えたことを自分なりに表現することを通して、豊かな感性や表現する力を養い、創造性を豊かにする。
1　ねらい
（1）いろいろなものの美しさなどに対する豊かな感性をもつ。
（2）感じたことや考えたことを自分なりに表現して楽しむ。
（3）生活の中でイメージを豊かにし、様々な表現を楽しむ。

これらのねらいを捉えながら、保育者の役割を考えてみましょう。
ねらいを達成するためには、次のような環境の構成や援助が必要です。

日々の生活における感動体験を創り出す。
・環境（素材）との新鮮な出会いを工夫する。
・発達に応じた材料・用具を提供する。
・表現を誘い出す豊かな生活を創り出す。
・操作力を高める時間や場の工夫をする。
・子ども同士の表現が高め合えるような環境の工夫をする。

ペンキ屋さんになるよ

一人一人の表現を受け止め、共感する。
・その子の表現する世界に共感する。
・子どもの作品への思いやできるまでのプロセスを理解し、具体的に認める。
・「キリンは黄色」などの大人の概念を押し付けず、自由な発想を引き出す。
・個々の子どもの作品のよさを認め合えるような言葉がけをする。
・感性のみずみずしさやしなやかさを失わないように、丁寧に表現内容を読み取る。

分類して置いてある材料

毛糸を巻いておいしいケーキ作り

長いはしごがかっこいい

月で遊んでいるよ

この本の使い方
「生活に根ざした造形表現」と「保育の展開」

【子どもの姿と生活とのつながり】

保育は、子どもたちが何に興味や関心をもっているのかなど、「子どものいまの姿」を捉えることが大切です。さらに、「題材と生活のつながり」から、造形活動として何をどのように生かすのかを考えています。

【「育みたい資質・能力」の視点から捉えたねらい・内容】

ねらいは、子どもの生活する姿から「育みたい資質・能力」に沿って保育者の願いを込め、育ちの方向性を示しています。内容は、ねらいを達成するために指導したり、経験したりする事項です。

【同じジャンルの素材から生まれた遊び】

見出しの活動が生まれるまでに、子どもたちがどのような体験をしているのか、何に感動し、何を発見し、心の中に残ったことは何かなど、遊びの中での素材との「であい」や「ふれあい」、友達との「たかめあい」を捉え、教材の教育的価値を見つけ出しています。

【見出しの活動に対する指導案】

造形表現として、この活動を通して何を育てたいかにより保育者の働きかけや環境の構成が変わってきます。ここでは、実践に基づいた保育者の工夫を「環境のポイント」として紹介しています。

この本は作品重視の造形活動ではなく「生活に根ざした造形表現」と「保育の展開」として捉えています。
保育として何が大切なのか、具体的な展開を示しながら多面的な視点で作成しています。
ぜひ明日の保育の参考にしてください。

【指導案の遊びの展開】

表現の過程や子どもが表している内容を読み取りながら、保育を展開しています。活動内容によっては、作品として残せないものもありますが、幼児期は特にその時々に生まれる子どもの行為が表現内容として意味のあるものです。素材の生かし方、材料・用具の使い方、作品ができる過程を大切にしましょう。

【教材の特性を生かした遊び】

見出しの活動の教材を生かした展開・応用的な遊びを紹介しています。生活とのつながりを捉え、教材ととことん向き合うことも大切です。

【見出しの活動で見られた「幼児期の終わりまでに育ってほしい姿」】

見出しの活動で見られた「幼児期の終わりまでに育ってほしい姿（健康な心と体／自立心／協同性／道徳性・規範意識の芽生え／社会生活との関わり／思考力の芽生え／自然との関わり・生命尊重／数量や図形、標識や文字などへの関心・感覚／言葉による伝え合い／豊かな感性と表現）」を造形表現の視点から捉え、ふり返りとしてまとめています。いずれの活動にもすべての姿が表れているのではなく、特徴的なもののみを取り上げています。

知っておきたい 要領・指針のポイント

幼稚園教育要領
保育所保育指針
幼保連携型認定こども園教育・保育要領

保育の質の向上が求められている今日、要領・指針（平成30年度施行）の趣旨を理解し、保育の本質について改めて考えてみたいと思います。

ここでは「幼児教育における学びの過程のイメージ」より、明日の保育を考える上で特に知っておきたい3つのポイントを整理し、活動例を交えて紹介していきます。先生方ご自身の理解を深めるとともに、これからの子どもたちに必要とされる養護及び教育の基本的な考え方・実践へとつなげていきましょう。

さらに、発達に必要な経験を積み重ねていくことができるような生活を創り出していきましょう。

幼児教育における学びの過程のイメージ （中井 清津子 作成）

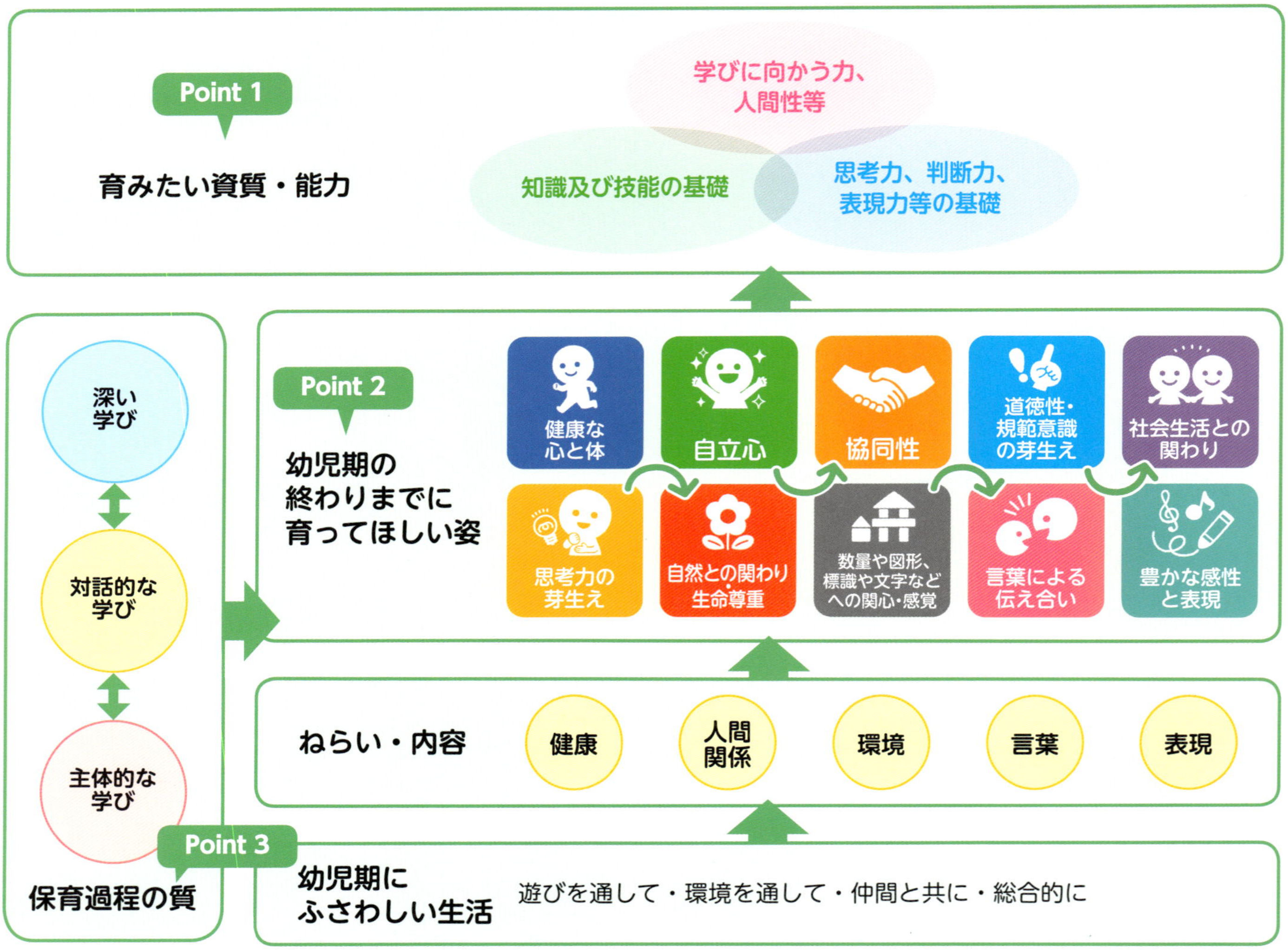

Point 1　育みたい資質・能力
- 学びに向かう力、人間性等
- 知識及び技能の基礎
- 思考力、判断力、表現力等の基礎

Point 2　幼児期の終わりまでに育ってほしい姿
- 健康な心と体
- 自立心
- 協同性
- 道徳性・規範意識の芽生え
- 社会生活との関わり
- 思考力の芽生え
- 自然との関わり・生命尊重
- 数量や図形、標識や文字などへの関心・感覚
- 言葉による伝え合い
- 豊かな感性と表現

ねらい・内容
- 健康
- 人間関係
- 環境
- 言葉
- 表現

Point 3　保育過程の質
- 深い学び
- 対話的な学び
- 主体的な学び

幼児期にふさわしい生活
遊びを通して・環境を通して・仲間と共に・総合的に

今、求められている子どもの育ちの方向性

　環境の変化によって、予測不可能な時代を生きる子どもたちに、社会と連携・協働しながら未来の創り手となり、未来の社会を切り拓くための下記のような資質・能力が求められています。

Point 1　育みたい資質・能力

学びに向かう力、人間性等
心情、意欲、態度が育つ中で、いかによりよい生活を営むか

知識及び技能の基礎
遊びや生活の中で、豊かな体験を通じて、何を感じたり、何に気付いたり、何が分かったり、何ができるようになるのか

思考力、判断力、表現力等の基礎
遊びや生活の中で、気付いたこと、できるようになったことなども使いながら、どう考えたり、試したり、工夫したり、表現したりするか

遊びを通しての総合的な指導

▶遊びを通した総合的な成長

※文部科学省「幼児教育部会における審議の取りまとめ」より一部改変して引用

活動例「ペンキ屋さんごっこ」

主な材料・用具
絵の具、ローラー、バット、大きな紙、段ボール箱
環境の構成
段ボールで作った家 穴をあけた段ボール箱

ペンキ屋さんになってみんなのおうちをきれいにしてみよう！

きれいな色だな

もっとかっこよくしたいな

学びに向かう力、人間性等

大きいおうちだからみんなで入れるね

みんなで作れて楽しいな

きれいに塗れた！

大きくなったら住みたいおうちの色にしてみたよ

友達のおうちも見てみようか

上手に塗れたね

持ち方を変えたらぐねぐね線が描けるね

知識及び技能の基礎

思考力、判断力、表現力等の基礎

○○くんのおうちかっこいいなぁ

どうやったら上手く塗れるかな？

縦に描いても横に描いてもいいんだよ

保育者の援助
認める・励ます・きっかけを与える・促す・待つなど

先生もこんなおうちに住みたいな

幼児期の遊びから小学校教育への学びへ

平成29年告示の「学習指導要領」では、「幼児期の終わりまでに育ってほしい姿」との関連を意識するように求められています。幼児教育を通して育まれた資質・能力を踏まえて教育活動を実施し、特に小学校入学当初、1年生児童が主体的に自己を発揮し、安心して学校生活ができるよう、幼児期の生活と学校教育を円滑に接続するために「スタートカリキュラムの編成」が必要になります。

スタートカリキュラムにおいては、幼児期に親しんできた、絵本・いろがみ・ブロック・鬼ごっこ・ジャンケン・虫捕りなどの遊びができる環境を準備し、安心して生活できる工夫がなされることにより、学校生活への期待や意欲が高まります。

日々の活動や学校探検などにおいて、個々の児童がどのような姿を発揮しているかを見取ることも大切です。幼児期に培った内容が学校教育の中で花開く、そんな教育につながるよう、豊かな幼児期の教育を行いましょう。

Point 2　幼児期の終わりまでに育ってほしい姿

※詳細は「幼稚園教育要領解説」「保育所保育指針解説」「幼保連携型認定こども園教育・保育要領解説」を参照

 健康な心と体
 自立心
 協同性
 道徳性・規範意識の芽生え
 社会生活との関わり
 思考力の芽生え
 自然との関わり・生命尊重
 数量や図形、標識や文字などへの関心・感覚
 言葉による伝え合い
 豊かな感性と表現

▶幼稚園等と小学校の教員がもつ5歳児修了時の姿の共有化

活動例「みんなで大きな木をかこう」

 いろんな葉っぱや木の実を探しに公園に探検だ！好きなものを見つけて拾って帰ろう

すべての活動の原点
戸外で自然に触れ体を使って心がワクワクする
健康な心と体

① 近くの公園でいろいろな落ち葉や木の実を拾う
社会生活との関わり

② 拾ったいろいろな落ち葉や木の実を分けたり並べたりする
数量・図形・文字等への関心・感覚

他にどんな葉っぱがあれば楽しいかな？

③ こんな葉っぱがあればいいなと想像しながら葉っぱを描く
思考力の芽生え

④ 工夫したところを保育者や友達に話す
言葉による伝え合い

⑤ 大きな木をローラーで描きその木に葉っぱを貼って美しい木にしようと相談する
協同性

⑥ 大きな木の絵にそれぞれが見つけてきた葉っぱや描いた葉っぱを貼りアイデアを出し合う
豊かな感性と表現

⑦ 木や葉を描くことで木の命に関心をもち大切に扱う
自然との関わり・生命尊重

⑧ 木のことに興味をもち自分で探したり調べたりしながら木のことが分かったという達成感をもつ
自立心

⑨ 身近にある木などを勝手に折るなどせずみんなで大切に扱う
道徳性・規範意識の芽生え

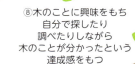 ぼくはもっとこんなのを探してみるよ

 ここにトリさんやリスさんが住んでいたらもっと素敵だね

 見つけてきた葉っぱもみんなが考えた葉っぱも仲よく一緒に住むにはどうしたらいいかな？

保育の質の向上を求めて

今、保育の質が求められていますが、保育の質とは「○○ができた」「○○が作れた」などの結果のみに着目すべきものではありません。その子どもがどのような思いで取り組んでいるのか、何に苦労し、何に努力して達成感を味わったのか、その「過程」に着目することが大切です。

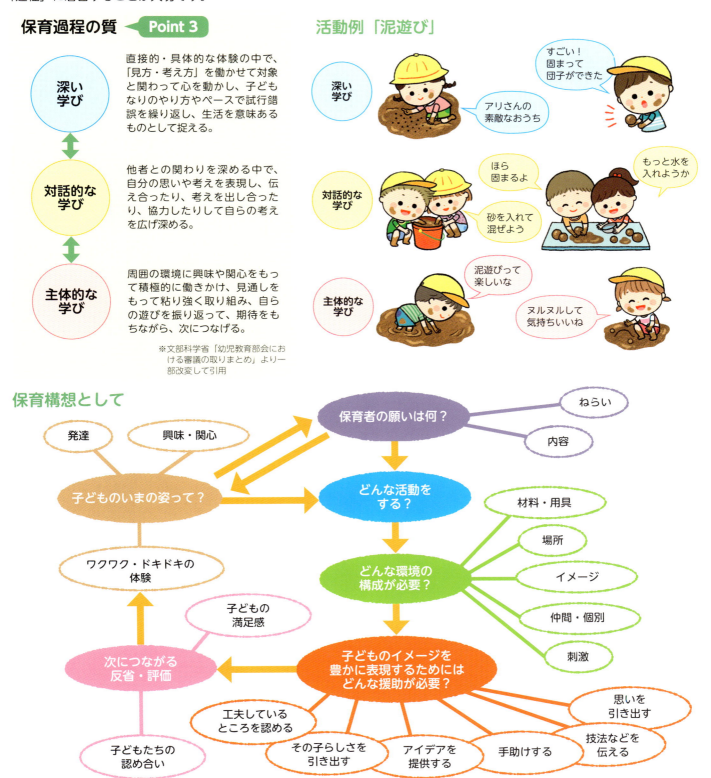

かく遊びの材料・用具

絵の具
ポスターカラー

経験させたい活動
- 線遊び
- 面塗り
- 混色・色作り
- 色水遊び
- ローラー遊び
- 版画遊び

特徴
- 発色・伸びがよく、思うままに伸び伸び描ける。
- 題材に合わせて、濃さを水の量で調節できる。
- 混色・色作りの経験が手軽にできる。

教育的価値
- 簡単に色が作れることで、色に対する興味・関心が豊かになる。
- 混色や濃淡など多様な色使いができ、色彩感覚が養われる。
- 線表現・面表現・ぬたくりなど、伸びやかに自由な表現を楽しむことができる。

パス
※クレパスは(株)サクラクレパスの登録商標。

経験させたい活動
- 線遊び
- 混色
- バチック（はじき絵）
- スクラッチ（ひっかき絵）
- ステンシル（型紙抜き）

特徴
- どの年齢にも扱いやすい。
- やわらかく伸びがよいので面塗りがしやすく、混色や重色もできる。
- 線描きと面塗りの両方の表現に適している。
- 濃い色の上に塗ってもきれいに発色する。

教育的価値
- やわらかいので筆圧が弱い子どもにも描きやすく扱いやすい。
- 塗り広げたり、塗り狭めたり、色を重ねたりなど、いろいろな遊び方を試したり工夫したりできる。
- 線や面など多様な表現を生み出すことができる。

クレヨン

経験させたい活動
- スクリブル（なぐり描き）
- 線遊び
- バチック（はじき絵）

特徴
- クレパスに比べて硬めにできている。
- 面塗りよりも線描きに適している。
- 線描きが多い3歳未満児に適している。

教育的価値
- 手首を動かして、力を入れながら描くため、操作する力が育つ。
- 墨汁・絵の具などにはじきやすいので、絵を描くときに、効果的な技法として子どもが感動する。

コンテ

経験させたい活動
- 線遊び
- 混色
- フロッタージュ（こすり出し）
- 水に溶かす
- 消しゴムで消す

特徴
- 線描きと面塗りの両方の表現に適している。
- パスやクレヨンよりも硬いので、こすり出しに向いている。
- 混色したり、水に溶けたり、消しゴムで消せたりと表現の幅が広がる。

教育的価値
- 色を塗る場合、根気強さが求められる。
- こすり出しによって、やわらかい表現になり新たな色が生まれ、感動する。
- コンテを削った粉をコットンに付けて色遊びをすると、やわらかさや偶然できた色の発見など新鮮で色への興味・関心が高まる。

色鉛筆

経験させたい活動
- 色塗り
- 他の描画材料との併用

特徴
- 色塗りに向いており、細かいところの表現がしやすい。
- 色合いが優しく、他の描画材料と併用することで作品に強弱が付けられる。
- 全芯タイプは削る手間もなく、無駄なく使用することができる。

教育的価値
- やわらかい色合いで、色の美しさに興味をもち、自分の好きな色を作れる。
- サインペンや鉛筆で描いた絵の必要な箇所に色を塗って組み合わせて表現できる。
- 重ねて塗ることで、集中して取り組み、色の発見ができる。

マーカー
サインペン

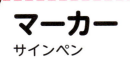

経験させたい活動
- 共通：線遊び
- 染料：にじみ絵
- 色水遊び
- 顔料：絵の具との併用
- 紙以外への着色

特徴
- 線表現がしやすい。
- 発色が一定のため、筆圧が弱くても扱いやすい。
- 水性・油性の他に、水でぼかせる染料タイプと水に強い顔料タイプがある。

教育的価値
- 家庭でもよく使っているので、身近で親しみやすい。
- どの紙にも定着しやすく、伸びやかに表現できる一方、雑な表現になりやすいため、丁寧に描く指導が必要。
- キャップをしっかり閉めるなど大切に使う。

23

かく遊び

3歳児　6月

パス・クレヨンでかく
おいしいおにぎりをつくろう

主な材料・用具
- パス
- クレヨン
- 画用紙

子どものいまの姿	・入園から2か月が過ぎ、身のまわりのことが自分でもできるようになり生活の大まかな流れを捉えて過ごすことができるようになってきている。 ・見立てやつもりを楽しみながら、砂・水・泥などでの遊びを楽しんだり、保育者に伝えて一緒に遊ぶ楽しさを感じたりしている。
題材と生活のつながり	・遊びや生活の中で興味や関心をもったことや自分の感じたこと、思ったことを伝える姿が見られる。 ・線による表現を楽しみ、見立てやつもりを楽しむ姿も見られる。

こんな遊びが生まれるよ

大きな紙にグルグル

存分にパスに触れて遊ぶ楽しさを感じる。

であい

あらかじめ紙を切って形を変えたり貼っておいたりすることで、イメージを広げるきっかけにもなる。

先生も欲しい？もっと作ってあげる

おいしいおにぎりパクパク

カタツムリのおうち素敵だね

みんなが描いたカタツムリがお散歩しているよ

3歳児ならではの見立てやつもりを楽しみながら、なりきって遊ぶ姿も大切にしたい。

教材の教育的価値

パスやクレヨンは3歳児にも容易に扱うことができる。発色や硬さなど、パスとクレヨンの違いを知っておくことも大切である。パスはやわらかくて発色がよく、クレヨンはパスに比べて硬めだが、色移りしにくく汚れにくいのも特長である。

育ちの方向性（指導案）

保育者の願い

ねらい

学びに向かう力、人間性等
遊びや生活の中で出会ったことや興味・関心をもったことをパスで楽しく表現する。

知識及び技能の基礎
パスを使って自由に手を動かし、伸び伸びと表現する。

思考力、判断力、表現力等の基礎
色を選んだり、楽しんで表現したことを保育者に伝えたり、つもりになって遊ぶ楽しさを感じる。

ねらいを達成するために…

内容

- 安心してパス遊びに取り組む。
- パス遊びを繰り返し楽しむ。

- 知っていることや考えたことなどを自由に表現する。
- 手を動かして伸びやかにかく。

- 色を選んだり、いろいろな線をかくことを楽しむ。
- パス遊びを楽しみながらさらに思いを広げたり、パスで表現したことを保育者に話したりする。
- 描いたものから思いを広げ、遊ぶことを楽しむ。

時間	環境の構成	予想される子どもの姿	保育者の援助・留意点
10:20 10:30 10:40 10:50	● 子どもの生活の中から身近な題材である、おにぎりの形の紙を用意する。 ● 2～3種類の大きさに切ったおにぎりの形の紙を、かごに入れて選べるようにしておく。 ● 描いたものを見せ合ったり、話したりしながら描けるよう、4～6人が向き合えるように園児机などの場を作る。 ● 繰り返し楽しむことができるように、描画材料や画用紙などは十分な準備をする。 ● 描いたものや、描いたものから広げた思いなどを聞く場を作る。 ● 描いたものを使って遊んだり、見立てを楽しんだりする時間をもつ。 ● 片付ける。 **環境のポイント** ● 子どもの思いを引き出しやすいように画用紙の形や大きさを考えて、おにぎりを紙で作る。 ● パスの色がはっきりきれいに出るように白画用紙を使う。	● 保育者の話を聞き、おにぎりの形の紙を選んで席に着く。 ● おにぎりに入っている自分の好きなものを考え、思い思いに描く。 ● 紙の形をきっかけに思いを広げて描く。 ● 近くの友達が描いているものに関心をもち、話しかける。 ● 描いたことや描いたものから見立てたことを話す。 ● 見立てたことからさらに思いを広げたり「食べ合いっこ」をするなど、描いたもので遊ぶ。 ● 使ったものを片付ける。	● 「今日のおにぎりは特別おいしいおにぎりにしてね」と子どもたちがイメージを広げ、描きたいと思えるように働きかける。 ● 子どもたちがパスを使った線遊びを十分楽しめるように、様々な線や色など、一人一人がしていることやイメージを言葉にするなどの働きかけをする。 ● 子どもたちが自由に遊ぶ中で思いを広げていく姿を見守り、認めていく。 ● 子どもたちの思いを丁寧に聞き取ったり、伝えることの嬉しさが感じられるように関わる。 ● 「○○ちゃんのおにぎりおいしいね」など、互いにおにぎりを食べる真似をしながら子どもの作品を認める。
ふり返り・評価	● おにぎりという身近な題材を取り上げたことで、関心のあることからイメージを広げ、楽しく取り組むことができた。また、保育者に食べてもらったり、友達と交換して食べるなどの遊びも見られた。 ● 自分なりに色を選んで使ったり、線での表現を楽しむことができた。パスはやわらかく、子どもたちにとっては扱いやすい描画材料であった。		

遊びの展開

1 導入

「わたしの大好きなおにぎり」

「どんなおにぎりにしようかな」
「大きいのも小さいのもあるよ」
「何を入れようかな」
「梅干しを入れたの？わたしは海苔も巻いたよ」

 「今日のおにぎりは特別なおにぎりにしてね」と働きかける。

どんなおにぎりが好きかなどを友達と話して楽しむ。

2 おにぎりの具を描く

「梅干しをいっぱい入れたよ！」

「おいしいおにぎりを作ろうね」

3 作ったおにぎりについて話す

ふれあい

「梅干しとふりかけのおにぎりができたよ！」
「ほら、こんなのできたよ」

4 イメージを広げて遊ぶ

たかめあい

 「みんなが作ったおにぎりを持ってピクニックに行くよ！おいしいね」

保育者と一緒にみんなでパクパク食べる真似をする。「おいしそうだね」と友達のおにぎりにも心が向く。

幼児期の終わりまでに育ってほしい姿

●身近な生活に関心をもち、思いを寄せる。

●活動に期待をもって繰り返しする。
●手を動かして伸びやかに描く。
●使ったものを片付けたり、部屋をきれいにしたりしようとする。

●色を選んだり線遊びを楽しんだりする。

●自分の思いを線で表す。
●伸びやかに線を描くことを楽しむ。
●パス遊びを繰り返し楽しむ。

●思いやイメージ、描いたことなどを保育者に言葉で伝えたり、聞いてもらったりする嬉しさを感じる。

展開・応用

子どもの表現は、パスやペンを持ち、クルクルと手を回しながら描くことから始まります。線が上下になったりうずまきになったり、道のように曲がったりします。いろいろな線遊びが楽しめるよう、イメージを広げる工夫が必要です。

わたしの傘

ぼくの家族

紙の形などを工夫することでイメージを焦点化することができ、より気持ちをもって表現できるようになります。

雨降り

ポツポツ・ザーザー・グルグルなど、パスの動きを言葉にすることでより楽しめます。

ダンゴムシの帰り道

「ダンゴムシ」や「おうち」は子どもたちのイメージを引き出すきっかけになります。

かく遊び

3歳児 7月

デカルコマニーであそぶ
きれいな模様ができたよ

主な材料・用具
- 絵の具（3〜4色）
- 画用紙

子どもの いまの姿	・ぬたくりやスタンプ遊びを楽しみ、絵の具に親しんできている。 ・「自分で○○したい」という意欲が高まってきている。 ・自分なりの試しや繰り返しを楽しむ姿がある。
題材と 生活の つながり	・絵の具は家庭にはない素材であり、色の美しさに魅力を感じ、やってみたいという思いがもてる。 ・絵の具や筆を自由に扱えることを楽しんでいる。

こんな遊びが生まれるよ

いろんな色を使ったよ。色が重なってきれいな模様ができたよ

デカルコマニーでできた模様の紙を並べて構成遊びを楽しむ。

同じ模様は一つもないね。いっぱい色が並んで動き出しそう

紙に色が写ったよ　　不思議だね

であい

チョウチョみたい！
お面にしてお気に入り。
ひらひら飛んで遊んだよ

遊んだ後を背景にして迷路を描いたよ

教材の教育的価値

デカルコマニーでは、色の美しさや塗り重ねの楽しさを味わうことができる。筆を使って自分の思うように描いていく楽しさや、紙を合わせて開く面白さ、予想外の模様や色の重なりにワクワクする。

育ちの方向性（指導案）

保育者の願い	ねらい		内容
	学びに向かう力、人間性等 絵の具に興味をもち、次はどうなるか期待して、紙を閉じたり開いたりする。	ねらいを達成するために… →	筆を使って絵の具遊びを楽しむ。 閉じたり開いたり、かき加えたり、また閉じたりし、色や模様が変化する様子に興味をもつ。 自分の好きな色を使って線や点などいろいろなかき方を楽しむ。 筆の使い方を知る。 色を重ねたり混ぜたりして変化に気付く。 紙を半分に折って広げたときの感動を味わう。 できた形の不思議さを味わう。
	知識及び技能の基礎 線でかいたり点でかいたり塗り広げたり、いろいろな方法で筆を使う。	**思考力、判断力、表現力等の基礎** 色の美しさを味わい、色が混ざる不思議さを楽しむ。	

時間	環境の構成	予想される子どもの姿	保育者の援助・留意点
9：30 9：40 10：00 10：10	●汚れることを予想して遊び着に着替え、テーブルの下にビニールシートを敷いておく。 ●テーブルの高さに配慮し、手を伸ばして作業ができるくらいの高さにする。 ●絵の具はやや濃いめに用意し、かすれずに描けるようにする。 ●紙を広げたときに鮮やかな色の美しさが味わえるように絵の具は2～3色（黄・桃色・水色）用意する。 ●いろいろな大きさの画用紙を準備し、選べるようにする。 ●使った絵の具を片付ける。 ●シートやテーブルも片付ける。 **環境のポイント** ●絵の具は濃いめに溶いて、色が重なってもきれいに写せるようにする。 ●3歳児は紙をあらかじめ半分に折って折り目を付けておく。 ●「もっとやりたい！」という思いに応えられるように、画用紙は多めに用意する。 	●汚れてもよいようにスモックを着るなど身支度を整える。 ●色を付けたり、線で描いたり塗り広げたりするなど様々な筆の扱い方をする。 ●「魔法をかけるよ～！しゅっしゅっ」など、声に出しながら紙を押さえる。 ●紙の両端を持って広げ、できあがりを見る。 ●描いて閉じてまた広げて写る様子を楽しむ。 ●筆を元に戻し、汚れた手を洗ったり遊び着を脱いだり拭いてもらったりする。	●絵の具を使って自由に描いていけるようにする。デカルコマニーのやり方をやって見せ、誘いかける。 ●筆を持って自由に描く姿を見守る。 ●途中で紙を半分に折って見せ、描いたものが反対面に対称に写ることを知らせる。 ●絵の具を乗せたら紙を半分に折り、「ごしごし」「キュッキュッ」「魔法をかけよう」など、声にしながらどうなるか楽しみにできるようにする。 ●色が広がったり写ったりする不思議さ、できた形の面白さや感動に共感する。 ●もっとやってみたいと思えた子には次の画用紙を配り、何回でも繰り返しできるようにする。 ●片付けの方法や汚れた衣類の始末の方法を具体的に伝える。
ふり返り・評価	●色との出会いの場になるので、混ざっても美しい色、画用紙に映える色などを考える必要がある。 ●簡単に楽しめる遊びであるが、色や形がその都度違い、「○○みたいに見える」などのイメージを楽しめる。		

遊びの展開

1 好きな色を選んで描く

「好きな色を紙の上に塗ってね」
画用紙（8切）を半分に折り、折り目を付けて準備しておく。

2 絵の具を塗る　ふれあい

上から違う色を塗ってみよう

いろいろな筆の扱い方を試す姿を見守る。

「トントン」「スースー」など擬音化して楽しむ。

3 色の美しさや変化に気付けるよう声かけをする

だんだんきれいになってきた。次はどの色を使おうかな

色に対する興味が向く。

4 紙を折る

見ていてね、魔法をかけるよ！

閉じたり開いたりを繰り返し、変化を楽しむ。

5 色の美しさや写る面白さに共感する

できた！きれい　虫の顔みたい！もっとやりたい　紙おかわり！

「できあがり！何に見えるかな？」

6 偶然できた形から見立てる　たかめあい

もっとやりたい！

チョウチョに見立てた。デカルコマニーの面白さに気付き、何回もやりたがる。

幼児期の終わりまでに育ってほしい姿

- 汚れる活動をするときは身支度を自分で整える。
- 汚れた後は洗ったり着替えたりして始末をする。

- 筆を使って点描や線描を楽しむ。
- 塗り重ねた色の混ざり具合や変化を確かめながら楽しむ。
- できた形を知っているものに見立ててイメージを広げる。

- 感じたことやイメージしたことを「○○みたい」と言葉で表現する。
- 色の美しさや変化に気付く。

- 「ほらね」と近くの友達に見せたり、顔を見合わせて笑ったりする。

展開・応用

左右対称を楽しみながらいろいろな形ができていきます。ここではデカルコマニーでできた偶然の形から見立てて描き加えた作品を紹介します。

顔みたい。みんな笑っているよ

形から見立てる

円から顔に見立て、左右対称を生かして絵も左右対称に描いています。

丸や長い線から木に見立てたり顔に見立てたりして森の中を表現しました。5歳になると見立てたことをイメージして描くことを楽しみます。

カニさんになったよ

対称を生かす

対称に写ることを生かしてカニや人を描いておはなしを作っています。

対称を楽しめるようにトンボの羽やチョウチョに見立てて壁面に飾りました。

色からイメージする

おいしそうなアイスクリームだよ

色からイメージしたり色の美しさに気付いたり、新たな色に出会う機会となるので、準備する絵の具の色合いを考えることが大切です。

かく遊び

3歳児 9月

絵の具であそぶ
ペンキ屋さんになろう

主な材料・用具
- 絵の具
- 筆（大）
- 溶き皿
- シート
- アクリル板

子どものいまの姿
・夏休みが明け、園生活の楽しさを次第に取り戻し、いろいろな素材と関わりながら自分の思いを自分なりの方法で表現できるようになってきている。

題材と生活のつながり
・1学期にフィンガーペインティングなどの絵の具遊びを体験し、年長児が大きなキャンバスに絵を描いている姿を見て、絵の具に触ってみるなどの姿が見られる。
・ぬたくり遊びを体験することで、絵を描く楽しさを感じてほしい。

こんな遊びが生まれるよ

年長児の絵を描いている姿から絵の具で描くことに興味をもつ。

大きい組さんの遊び、楽しそう

1学期にしたフィンガーペインティング、楽しかったね。紙に写せたよ

であい

絵の具遊び、楽しいね

こんなにきれいなお花が描けた。ほら見て、お花畑！

初めて絵の具で描く遊びをするため、手を伸びやかに動かせて、絵の具が伸びやすく描きやすい環境として、アクリル板に描くように準備する。

教材の教育的価値

絵を描く遊びは、形を求めて評価するものではなく、自由に伸びやかに描く楽しさを感じることが大切である。絵の具によるぬたくり遊びを存分に味わうことで、表現の楽しさを感じていく。

育ちの方向性（指導案）

保育者の願い

ねらい

学びに向かう力、人間性等

自由に伸びやかに自分の思いをかき、できた絵やぬたくりを見て満足感を味わう。

ねらいを達成するために…

内容

- 絵の具でかいたりぬたくったりすることを存分に楽しむ。
- できた作品を見て喜ぶ。

- 筆の使い方を知る。
- 絵の具がこぼれないように使い方を知ってかく。
- 身仕度や片付けの方法を知る。

- 好きなようにかく。
- 色が変化していくことを楽しむ。
- ぬたくり遊びを喜んでする。

筆を使ってかくことを楽しみ、腕を動かしながらかくと大きくかけることを知る。

知識及び技能の基礎

筆を使って絵の具で伸びやかにかくことを楽しみ、色が混ざって違う色になることに気付く。

思考力、判断力、表現力等の基礎

時間	環境の構成	予想される子どもの姿	保育者の援助・留意点
9:45 10:10 10:15	●体や腕を動かしながら伸びやかに立ったり座ったりしながら描けるようなボードを準備する。 ●部屋全面にシートを敷いて、裸足になり、汚れてもよい服装の準備と、ボードを置く間隔など、安全性に気を付ける。 ●最初は顔が見えるが次第に絵の具で隠れていく面白さを感じてほしいと1枚のアクリル板に片面2人ずつ、4人で向き合いながら描く。 ●絵の具と筆は自分たちの前に置き、2人で使うようにする。 ●絵の具は黄色や橙色など、明るい色を準備する。 ●汚れた体を洗い、着替えができるように、テラスに、タライ・タオル・きれいなシートを準備する。 **環境のポイント** ●絵の具の滑りがよく、色の変化なども楽しめるようにボードを作り、アクリル板に描くようにする。	●素足になるなど身支度をする。 ●保育者の話を聞いて、ボードの前に移動する。 ●どんどん線を描いていく。 ●腕を伸ばしたり背伸びをしたりして、高いところにも描こうとする。 ●一面に絵の具でぬたくる。 ●絵の具による画面の変化を楽しみながら黙々と描き続ける。 ●絵の具を手や足にも付ける。 ●できたボードを保育者と一緒に見る。 ●自分の使っていた筆を溶き皿に片付け、雑巾でシートを拭く。 ●汚れた手や足をテラスで洗い、着替える。	●今日は何をするのか、準備されている環境からワクワク・ドキドキしている子どもがいるので、その気持ちを受け止めて取りかかる。 ●絵の具は自分の前に置いてあるものを使うことなどを伝える。 ●安全のため、走ったりしないように働きかける。 ●手を伸ばして高いところまで描いている子どものよいところを認める。 ●線をゆっくり描いて表現している子どもや、勢いよくグルグルと描いている子どもなど、それぞれの表現のよさを伝える。 ●ぬたくり表現になり楽しんでいる様子を捉え、「お花畑みたい」などと共感する。 ●片付けの方法を知らせ、子どもができることは一緒にする。安全にも気を付けながら、他の保育者の協力を得る。個人差にも配慮して楽しかった思いを大切に片付けをする。
ふり返り・評価	●初めて筆を使って絵を描く遊びをどのように体験するのか、環境を工夫しながら取り組んだ。絵を描くというよりは最終的にはぬたくり遊びになったが、子どもの姿から、3歳児はこのぬたくり遊びを存分に楽しむことが大切であると感じた。アクリル板は絵の具の滑りもよく、向かいの友達の顔が見えることを楽しんだり、だんだん見えなくなることを不思議がったりするなど、変化が楽しめた環境であった。簡単に手作りボードが作れることも、保育者が環境を工夫するために必要なことである。		

遊びの展開

1 保育者の話を聞く

アクリル板のボード（手作り・市販）を準備する。

2 絵の具で自由に描く

お山が描けたよ

○○ちゃんも見えるね

腕を伸びやかに動かして描く。

3 ペンキ屋さんになる

色を重ねて楽しんでいる姿から伸びやかに表現する喜びを子どもと一緒に共感する。

ふれあい　たかめあい

いっぱい描けた

4 友達の絵を見る

ペンキ屋さんみたいにきれいだなー

絵の具を使ってボードにカタツムリや顔を描いていたが、どんどん描いて、ついにはぬたくり遊びになった。思いっきり黙々と筆で描いている様子は、楽しさを物語っている。立って描ける環境は、描きやすく、描いたみんなの絵を見ることができる。

手にも付けて

とっても気持ちよさそうに、最後は自分の手に塗り、満足した様子だった。

幼児期の終わりまでに育ってほしい姿

- 絵の具に触れて開放感を味わう。
- 体や腕を動かして大きく描く。
- できあがったものを見て喜ぶ。
- 身仕度や片付けの方法を知る。

- 保育者と一緒に片付ける。
- アクリル板に描くことで、絵の具が垂れたり、色が変わっていく様子を楽しむ。

- 色がいっぱい塗れたことを、身近な友達と笑ったりしながら共振する。
- 「ペンキ屋さんだね」と隣の友達と場や空間を共有する。

- 絵の具で描いたりぬたくったりする遊びを存分に楽しむ。
- 自由に伸びやかに自分の表現を楽しむ。
- 絵の具や筆の使い方を知る。
- 「すごい」「ほらね」など短い言葉で自分が感じたことを保育者に伝えたり保育者の言葉に反応したりする。

展開・応用

子どもが絵を描くとき、何にどのような姿勢で表現することが表現意欲を高めることができるのか、表現の内容だけでなく、道具や姿勢などにも配慮し、楽しく伸びやかに活動できる環境の工夫が必要です。

市販アクリル板

手作りキャンバス（3歳児）

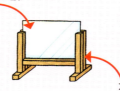

アクリル板　木

【ボードの作り方】
枠になる木を2本ずつ用意する。先に足に片面の枠を取り付け、アクリル板を入れてからもう片面の枠を取り付ける。

手作りアクリル板（3・4歳児）

手作り大型キャンバス（5歳児）

周りの友達に刺激される場

一人でゆっくり描ける場

かく遊び

4歳児 5月

パスでかく
カタツムリとお散歩したよ

主な材料・用具
- パス
- 画用紙
- 模造紙

子どものいまの姿
- 園庭で見つけたダンゴムシに触れることを喜ぶなど、生き物に関心をもって見ている姿がある。
- 遊びの中で、サインペンやパスを使うことを喜んでいる。

題材と生活のつながり
- カタツムリは身近にいるので知っている子どもが多く、親しみをもちやすい。
- 動きがゆっくりであり、見たり触れたりしやすい。また、触ると角が引っ込み反応するので、関心をもちやすい。

こんな遊びが生まれるよ

であい — どうして落ちないのかな

カタツムリをよく見たり触れたりする。

ふれあい — トンネルを通っていくよ / こっちもスタート！

カタツムリの動きの面白さや形の不思議さを感じる。

線を歩けるかな？よーいスタート！

線の上を歩くかを試したり、紙をつなげて道を作ったりして遊ぶ。

触ってみようかな / ちょっとヌルヌルしているよ

感じたことを言葉で表現したり友達と共感し合ったりする。

教材の教育的価値
パスは適度なやわらかさがあり描きやすく、模造紙を使うことで存分に腕を伸ばして描くことができる。

育ちの方向性（指導案）

保育者の願い

ねらい

学びに向かう力、人間性等

カタツムリに触れて遊びながら関心をもち、愛着をもって関わる。

パスを使って、線遊びを楽しみながらカタツムリの歩く道やうずまきを表現する。

知識及び技能の基礎

カタツムリに関心をもち、よく見たり、触れたりして遊びながらイメージを広げる。

思考力、判断力、表現力等の基礎

ねらいを達成するために…

内容

- カタツムリに触れて感じたことを言葉にしたり共感し合ったりする。
- カタツムリと関わりながら大切に扱う。

- パスの色を選んだり線の長さを考えたりして楽しみながらかく。
- 大きさや形を意識して腕を動かし、伸びやかに表現する。

- おしゃれなカタツムリやお父さんカタツムリ、カタツムリのおうちなど、遊びながらイメージを広げる。

時間	環境の構成	予想される子どもの姿	保育者の援助・留意点
9：30 9：40 9：55 10：10 10：30	●カタツムリを近くに置いておき、よく見たり手に取って触れたり、パスで描いた道を歩かせたりできるようにする。 ●カタツムリが散歩する道やうずまきを自分の好きな色で描きやすいように、個人持ちのパスを使用する。 ●パスの色がはっきり見えて、線の色の美しさを感じられるように、白い画用紙を用意する。 ●カタツムリと遊んでいる友達と一緒に、囲んで長い道が描けるように模造紙を用意する。 ●つなげられるように、予備の紙を準備しておく。 **環境のポイント** ●カタツムリの動きや形の面白さを感じられるように、近くに置いて触れて遊びながら描けるようにする。 ●腕を動かして伸びやかに大きく描けるよう、模造紙を準備し、つないでいけるようにする。	●カタツムリについて知っていることを話す。 ●カタツムリを手に取って見たり触れたりする。 ●カタツムリの散歩する道をパスで描く。 ●パスの色を変えてカタツムリのうずまきやカタツムリのおうちを描く。 ●カタツムリを紙の上に乗せて散歩させる。 ●カタツムリを見ながら線を延ばして道を描く。 ●カタツムリを飼育箱に戻し、画板やパスを片付ける。	●カタツムリを見たり触れたりして遊びながら、楽しい思いを膨らませる。 ●カタツムリの動きや大きさ、殻の形などにも関心が向くように投げかける。 ●子どもの感じたことに共感したり、他児にも広がるように言葉を繰り返したりする。 ●カタツムリが散歩する道がどこまで続くのか、どんなカタツムリなのかを問いかけ、よりイメージが広がるようにする。 ●もっと散歩させたい子どもの気持ちを受け止め、表現意欲を高める。 ●カタツムリを傷付けないよう気を付けるように声をかけ、心を寄せて関わっている姿を認めて大切に扱えるようにする。
ふり返り・評価	●眠っているカタツムリやお父さんカタツムリなど、自分なりのイメージやおはなしを広げて楽しんで線を描いていた。 ●線の色の美しさ、色が混ざり合う美しさを感じることができた。		

遊びの展開

1 カタツムリに触れて遊ぶ

であい

棒の道を歩けるかな？

すごい！登っているよ

 子どもの気付きや感じたことを受け止め、興味や関心が広がるようにする。

2 カタツムリを模造紙の上に乗せ、動きをよく見て描く

 腕をしっかり回して大きく伸びやかに表現できるようにする。

3 カタツムリの歩く道やうずまきをパスで描く

ふれあい

カタツムリさんこんにちは

カタツムリさんがおうちに集まってきたよ

うずまきがグルグルしているよ

たかめあい

4 カタツムリと遊ぶ

カタツムリさんお散歩楽しい？

 もっと散歩させたい子どもの気持ちを大事にし、表現意欲を高める。

 カタツムリに気持ちを寄せて関わる。生き物を大切にする心が育つ。

幼児期の終わりまでに 育ってほしい姿

自然との関わり・生命尊重

- カタツムリを見て触れて関心をもつ。
- カタツムリに愛着を感じる。

数量や図形、標識や文字などへの関心・感覚

- カタツムリの動きや形、大きさの違いを感じる。

豊かな感性と表現 / **健康な心と体**

- カタツムリの様子から見立てたりイメージを広げたりする。
- 腕を動かし、伸びやかに表す。

言葉による伝え合い

- 自分の感じたことを言葉にしたり伝えたりする。

協同性

- 友達のしていることを見たり、真似たり、感じたことを共感したりする。

展開・応用

箱や粘土など、身近な材料で作ることを楽しんだり、自分がカタツムリになって遊んだりして表現活動が広がります。

パスで描く

色画用紙で作る

仲よしカタツムリができたよ

小麦粉粘土で遊ぶ

小麦粉粘土を丸めたり伸ばしたり、感触を楽しむ中で偶然できたものを見立てたり形を作ったりするようになります。

カタツムリになって遊ぶ

カタツムリの角ができてきた

わたしたち、カタツムリ。お散歩に行くの

かく遊び

4歳児 6月

ローラーであそぶ
見て見て！ぼくたちのおうち

主な材料・用具
- 絵の具
- ローラー
- クラフトロール紙
- 画筆（中）
- パス
- 画用紙

子どもの いまの姿	・園生活に慣れ、保育者に対して安心して思いを出せるようになっている。 ・いろいろな用具や道具に関心をもち、使ってみたいと思う姿が見られる。
題材と 生活の つながり	・ローラー遊びをしたことで、道に見立てて遊ぶ姿から、さらに表現したいという思いにつながった。 ・保育者に親しみを感じ、「先生に自分の家に遊びに来てほしい」という思いから家庭訪問を楽しみに待っている。

こんな遊びが生まれるよ

「絵の具ペタペタ楽しいね」

であい

ローラーを使った絵の具遊びは誰でも抵抗なく取り組め、偶然できた線の面白さを感じることができる。

「道みたい」

ふれあい

ローラー遊びから道のイメージをもち、「わたしのおうち」を表現する。

「こっちは線路だよ」

「上に向かって伸びていくよ」

壁に貼り付けて壁面に描くことで、手を伸ばして全身で描くことができ、イメージのもち方も変わる。

線路からイメージを広げて電車も走っている。

「家の近くに電車も走っているよ。この線路を走っていくよ」

教材の教育的価値

ローラー遊びからの展開として道をイメージし、自分の家を絵の具で表現することは子どもにとって自然で表現しやすい。

育ちの方向性（指導案）

保育者の願い	ねらい		内容

ねらい

学びに向かう力、人間性等

自分の思いを受け止めてもらい、安心感や喜びを感じて表現することを喜ぶ。

ねらいを達成するために…→

内容

- 自分の身近な生活経験や思いを保育者や友達に伝える。
- 絵の具や筆の使い方を知り、家などをかく。
- ローラー遊びを楽しむ。
- 家のことや、自分の経験から感じたこと、思ったことを保育者や友達に伝える。
- 自分の家や近所にあるものを絵の具やパスを使ってかく。

知識及び技能の基礎
ローラーや絵の具、パスを使って楽しんで表現する。

思考力、判断力、表現力等の基礎
自分の家に関心をもち、思いを周囲の保育者や友達に伝えながら表現する。

時間	環境の構成	予想される子どもの姿	保育者の援助・留意点
10:30	●使いたい絵の具の色を選び、溶き皿を4人で囲めるようにして座る。 ●画板を用意し、自分なりに描きたい表現が実現できるようにする。 ●絵の具を使うので、汚れたらすぐに拭けるように近くに雑巾を用意しておく。 ●みんなで床を拭き、片付けをするよう、1人1枚の雑巾を用意する。	●「ぼくの家はマンションで5階に住んでいるよ」「ここがぼくの部屋」など、自分の家のことを話し始める。 ●友達の様子を見たり保育者の言葉を聞いて描く。 ●絵の具を使って自由に自分の家を描く。 ●「窓がある」「2階建て」など話しながら描く。 ●保育者に描いた家の様子を伝える。 ●画板や絵の具などを片付け、雑布で拭く。	●前日のローラー遊びで「道みたい」とイメージしたことから、「みんなのおうちはどこかな」などと話し始め、「今日はみんなのおうちを絵に描こう」と導入する。 ●絵の具が落ちて絵や床を汚さないように働きかける。 ●「○○ちゃんのおうちは花がいっぱいだね」「窓がいっぱいで楽しそう」など、子どもの伝えたい内容を聞きながら、認めたり共感したりする。 ●個々の作品のよいところを見つけて認める。 ●片付けの順番や方法について伝え、みんなで一緒にするよう働きかける。 ●次の日はできた家をローラー遊びで作った道に貼ることを伝え、翌日に期待をもつようにする。
10:50 11:00	**環境のポイント** ●画用紙は4色（薄い黄・黄緑・水色・桃色）から好きな色を選べるようにする。イメージしやすいように画用紙の大きさも変え、大きい絵を描きたくなった子には足せるように多めに準備しておく。 ●絵の具は選べるように3色用意し、線に集中して描けるようにする。丁寧に描き、描いている実感を十分感じられるように、絵の具の濃さは薄くし過ぎないように気を付ける。		
ふり返り・評価	●自分の家という題材はイメージしやすく表現意欲につながった。 ●大きなロール紙を使ったことで、どんどんイメージが広がり、友達と一緒に描く楽しさも経験できた。 ●自分の絵を道に貼ることによって友達同士がつながり始めることになった。		

遊びの展開

1 導入

 ローラー遊びをした紙を見て、「道みたい」とイメージする。

 指でたどりながら「みんなのおうちはどこにあるの？」「どんなおうちか教えて」と導入する。

2 筆で家を描く

 描きたい線に集中して表現しやすいように絵の具は3色から選んで使えるようにする。

3 友達とできた家について話す

> わたしの家は2階建て。2階にはトイレもあるから朝にお兄ちゃんが下のトイレに入っていても大丈夫！

> ぼくはマンションで5階建て！

たかめあい

 「素敵なおうちだね」「マンションの5階に住んでいるんだね」とそれぞれの思いを受け止め、他児にも広がるように言葉を繰り返す。

翌日

4 ローラーで描いた道に家の絵を貼ってみんなで話し合う

> ○○ちゃんのおうちはそこ？ご近所さんだね！

> ○○ちゃんのおうち、おじゃましまーす！私のお部屋はここ！ここはお風呂だよ

幼児期の終わりまでに育ってほしい姿

- 自分のことを話したり、受け止められることで、安心感や充実感をもつ。
- 自分の家のことに関心をもつ。

- 自分の家のことや経験したことなどを言葉で伝え、友達の話を聞いてさらにイメージを広げる。
- できあがった作品を見て自分の思いを伝える。

- ローラーや絵の具を使って表現することを楽しむ。
- 自分の家や近所にあるものを絵の具やパスを使って描く。

- 友達と一緒にローラー遊びを楽しむ。
- 友達の作品に関心をもつ。

展開・応用

家は子どもたちにとって身近で、描いたり作ったりしやすい題材です。木や廃材で作ったり、大きな段ボールで作ったりしながら楽しめる空間でもあります。

木片や空き箱を使って

段ボールに絵の具を塗って

絵本『100かいだてのいえ』を読んで

「わたしもこんな家が欲しい」と絵に描きました。

かく遊び

4歳児 7月

サインペンでかく
カメの友達をかいたよ

主な材料・用具
- サインペン
- 上質紙（B4）
- 和紙

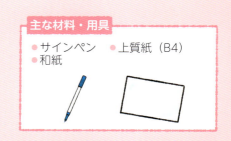

子どもの いまの姿	・友達や保育者と園庭や保育室で安心して遊び、自分ができたことや見つけたことを知らせたり誘ったりしている。 ・自然の生き物や飼育している生き物に興味をもち、触ったり、保育室に持ってきたりする姿が見られる。
題材と 生活の つながり	・クラスで飼育している小ガメは、見たり触れたりしやすく、親しみをもっている。 ・甲羅の形や頭、手足などの動きに面白さを感じている。

こんな遊びが生まれるよ

サインペンで塗り絵やお絵描き楽しいね

顔が描けるよ！色がきれい

であい

大きいカメにぼくが乗っているよ

ふれあい

カメがわたしの家に来ているの

サインペンは、力を入れずに線が描きやすいので、抵抗なく扱うことができる。

サインペンのキャップをしっかり閉めないと色が出なくなることを知る。

アオムシ電車にお客さんが乗っているよ

絵の具にサインペンで描き込んだり、サインペンの細かい線描を楽しんだり、絵の具とサインペンの組み合わせを楽しむ。

カメさんがお餅をいっぱい食べて大きくなったよ

教材の教育的価値

サインペンは手に持ちやすく、発色や滑りもよいので描いたものがはっきり線として表現される。小さいものを描くときや、細かく描き込みたいときに表現が丁寧にできる。

育ちの方向性（指導案）

保育者の願い

ねらい

学びに向かう力、人間性等
カメに見たり触れたりする体験から、親しみをもって感じたことや思いついたことを表現しようとする。

サインペンを使って、カメの形や大きさ、数を自分なりに表現する。
知識及び技能の基礎

カメに親しみをもち、カメの気持ちになったりイメージを広げたりしながら表現する。
思考力、判断力、表現力等の基礎

ねらいを達成するために…→

内容

- カメに触れ、見て感じたことを言葉にしたり体で表現したりする。
- 自分の感じたことを保育者や友達にも知ってもらおうとする。
- サインペンの色を選んだり、丸い形や大きさ、線の長さを自分なりに考えてかくことを楽しむ。
- かいたカメを家族や友達に見立てながらイメージを広げる。
- 友達のかいているものに自分なりのイメージをもって関わったり、尋ねたりする。

時間	環境の構成	予想される子どもの姿	保育者の援助・留意点
9:30 9:40 10:00 10:20	●保育室の小ガメ、園のカメを大きなタライに一緒に入れて見えるところに置いておく。 ●カメのそばに、見比べたり調べたりできるよう、カメの絵本や図鑑を用意しておく。 ●上質紙の上にカメの甲羅に見立てた丸型のちぎり和紙を1枚貼っておく。 ●4人が向かい合えるように紙を置き、隣同士で一緒に使えるようサインペンを2セット用意する。 ●子どもの描いた絵を見せ合い、認め合う時間や場を設ける。 **環境のポイント** ●扱いやすく描きやすいサインペンを使う。 ●滑りやすくどの色にも映えるように白や水色の上質紙に描く。	●カメを見たり触ったりする。 ●絵本を見たり、調べたりする。 ●紙を選ぶ。 ●顔や手足、しっぽを描いてみようとする。 ●甲羅の模様を描いたり、大きさの違うカメを描いたり、カメの友達や家族を描いたりする。 ●友達の絵を見たり、声をかけたりする。 ●保育者や友達に見てもらおうとする。 ●自分のカメで自慢したいところを保育者に話す。 ●サインペンを元の場所に片付ける。	●子どもの目線に合わせて、同じところを見たり、つぶやきに共感したりする。 ●カメの動き・色・大きさ・形・甲羅・顔や手足の動きなど、保育者の気付いたことも話しかける。 ●紙の上のカメが何をしているのか、みんなで話しながら、一人一人のイメージを広げたり考えたりするきっかけをもてる時間にする。 ●個々のイメージやカメの表現を認め、言葉で補って共感する。 ●サインペンの持ち方、ふたの開閉など必要に応じて声かけをする。 ●見てほしい、聞いてほしい気持ちを受け止め、子どもの伝えようとする表現を感じ取ったり、その場にいる友達も一緒に雰囲気を味わえるような伝え方をする。
ふり返り・評価	●描きやすい線描のため、自分で何匹もカメを描けることを喜び、自信をもって表現する姿が見られた。 ●自分の表現したものを周りの人に伝えやすく、また友達の話すこともイメージしやすいので話が弾んだ。 ●サインペンの経験が少ない場合は、机で描く方が腕や手首が動かしやすいので、描く場や姿勢は時期によって配慮が必要である。			

遊びの展開

1 カメに触れたり見たりする

ツメが とがっている

「こっちを見ているね」「ツメがあるね」「どうして首を伸ばしているのかな」などと投げかけたり、子どもの気付きに共感したりする。

2 広いところでカメを散歩させる

歩くのが 早いね

「歩くのが早いね」「どこに行きたいのかな」とカメの動きを一緒に追いかけたり予想したりする。

3 カメを描く（導入）

「このカメさんは何をしているのかな」「何がしたいのかな」と紙の上のカメにイメージがもてるよう働きかける。

4 自分の描きたいカメを描いていく

たかめあい

これは お母さんカメ

甲羅や顔、手足などを描き足して、カメが動きだすイメージを引き出したり、他にもお父さんカメや友達のカメを描こうとする姿を認めたり共感したりする。

5 絵を見せ合う

ふれあい
たかめあい

「見て見てタイム」で4人ずつ自分の絵を持って立ち、クラスのみんなに見せる機会をもつ。「このカメさんは笑っているみたいだね」など、保育者が感じたことを話したり、子どもたちの発言にも応じていく。

6 絵を見る

自分の絵を友達に知らせたり話したりできるように、作品は子どもの目線を意識して低い位置に掲示する。

幼児期の終わりまでに育ってほしい姿

- カメに親しみをもち、優しく関わる。
- カメの動きや様子に関心をもつ。
- カメの居場所やえさなどについて図鑑などで情報を集める。

- カメを見たり、触れたりしながら、動きや形などに興味をもつ。
- 自分の感じたことや気付いたことを言葉や体で伝えようとする。
- 自分でカメが描けることを喜び、サインペンで丁寧に描く。

- 描いたことを保育者や友達に伝えようとする。
- 描いたことを保育者や友達に受け止めてもらい、安心感や満足感を味わう。
- 友達の描いたものを見て、驚いたり共感したりする。

展開・応用

ここではサインペンを使って絵を描く遊びを紹介します。家庭でサインペンを使って描いている経験もあり、子どもたちは喜んで使います。4～5歳になると、サインペンで自分の思いやイメージを丁寧に表したい気持ちが出てきます。細かく描いたり、見えないところを描いたりと表現が豊かになっていきます。

サインペンで描いてコンテで色を表現する

『ジャックと豆の木』を読んで自分のイメージする豆の木が葉っぱや花できれいになっていきます。

サインペンで表現する

リレーで勝てるようにみんなで応援しています。バトンをもらって早く走りたい気持ちでいっぱいです。

絵の具で描いてサインペンで描き込む

「こんな船に乗りたい」と思いを表現しています。

「ウサギは月の中で何をしているのかなぁ」とイメージを膨らませます。

かく遊び

4歳児 9月

絵の具でかく
サツマイモを掘ったよ

主な材料・用具
- 絵の具
- パス
- 画筆（大・小）
- 画用紙（4切）

子どものいまの姿	・気の合う友達と同じような思いやイメージをもって遊ぶ姿がある。 ・絵の具や筆に慣れ、大胆に塗り広げたり、つなげたりしながら見立てていく姿が見られる。
題材と生活のつながり	・サツマイモの苗を植え、水やりをして、葉やツルの大きさや長さが変わっていくなどの成長が分かる。 ・土の中で育っていることに気付き、期待をもつ。また、収穫の際に掘り出したサツマイモに感動する。

こんな遊びが生まれるよ

「サツマイモって、土の中から出てくるの？」

であい ふれあい

「似合うかしら？」

「ネズミたちが来るんじゃないかな」

サツマイモが土の中でどうしているのか気になり、土の中の様子を描く。

「並べてみよう！」 「大きさ比べ！」

「そーっと掘ってね」

「イモヅル電車が進みます！」

「あれ、オットセイに似ているよ」

教材の教育的価値

葉やツルを使って見立てたり、体験したことからイメージを膨らませて表現することができる。絵の具は面として広げていけるので、イモの大きさなどを自由に表現できる。

育ちの方向性（指導案）

保育者の願い

ねらい

学びに向かう力、人間性等
サツマイモの栽培体験から、土や葉やイモの匂い・形・大きさなど、感じたことを表現しようとする。

- 絵の具や筆を使って、色や大きさ、形などを自由に伸びやかに表現する。
  知識及び技能の基礎
- サツマイモの形からいろいろなものに見立て、イメージを広げる。
  思考力、判断力、表現力等の基礎

ねらいを達成するために…

内容

- サツマイモ畑に出かけ、成長・収穫に期待をもつ。
- 成長した様子や収穫したときの感動を、言葉や体で保育者や友達に伝える。
- その場でイメージしたことを伝えたり、自分のイメージからかきたい色を選んで使う。
- 友達がかいている様子を見たり、刺激を受けたりしながら自分もやってみようとする。
- 体験したイモ掘りや、そこからイメージしたことを自由に表現することを楽しむ。

時間	環境の構成	予想される子どもの姿	保育者の援助・留意点
10：40 10：50 11：10	●自分たちの掘ったサツマイモやツルを見えるところに置いておく。 ●自分の描いているサツマイモの色や形がいろいろあることを楽しめるよう、サツマイモに似た色（赤・紫・茶・黄土・こげ茶など）の絵の具を混色して3色ほど用意する。 ●画用紙は、2色ぐらい（薄い黄・薄い桃色など）を準備し、自分で選べるようにする。 ●画板は4人が向かい合えるように置き、真ん中に溶き皿と雑巾を置く。 ●ツルを表現しやすいように、細めの筆と絵の具（緑）を用意する。 **環境のポイント** ●美しい色のサツマイモが描けるよう、絵の具を混色しておく。またツルの緑色とのコントラストや画用紙との色合いも配慮する。 ●絵の具で表現しにくいこと（人・動物など）も表現できるようにパスを準備しておく。 ●画用紙の大きさを必要に応じて足す。	●前日の体験を思い出しながら保育者の話を聞く。 ●自分の掘ったサツマイモなどを思い出し、画用紙に描いてみようとする。 ●塗り広げて大きくしたり、並べて描いたり、色を混ぜたりして、自分らしいサツマイモを描く。 ●サツマイモを一緒に掘っている動物や虫など、思ったことを描いていく。 ●思ったことや描いたことを保育者や友達に話す。 ●使った筆は溶き皿に戻し、雑布でシートを拭く。	●現物のイモを持って見せながら話し、イモ掘りの経験が思い出せるようにする。 ●ツルを引っぱったり、サツマイモを掘ったりした体験を思い出し、大きさや長さなど、いろいろな形があったことをクラスで言い合えるようにする。 ●描くことへの意欲がわいてくる姿を受け止め、画板の準備や画用紙の選択などが速やかに取り組めるようにする。 ●虫や動物や友達などを描くときには、絵の具だけでなく、パスも使うように働きかける。 ●個々の思いやサツマイモの表現を読み取りながら、丁寧に筆を動かす姿、色や形を考える姿を認めたり、他の子どもたちに伝えて自分なりに気付いたり取り入れたりできるようにする。 ●絵の具の色が混ざらないよう、使った筆は元の溶き皿に戻すように指導する。
ふり返り・評価	●体験したことなので、サツマイモや土の中のイメージを広げ、おはなしが生まれやすい。 ●画用紙の色、サツマイモの色、ツルや葉の色など、仕上がりの色合いを考える必要がある。		

49

遊びの展開

1 準備

赤・紫・黄土・こげ茶など、混色した絵の具を3色ほど準備する。

2 サツマイモを描く

たかめあい

とっても大きいよ

絵の具を塗り広げていく子、いくつも並べていく子、色を重ねていく子など、それぞれに表現する。

3 絵の中でおはなしを広げて描く

ツルの迷路だ

緑の葉っぱも描きたいな

画用紙を畑に見立て、自分の掘ったサツマイモを描こうとする。

形や大きさ、見立てを受け止め、丁寧に描こうとする意欲を引き出す。
ツルを表現しやすいように、細めの筆と緑色の絵の具を用意する。

4 絵を見る

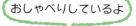
お父さんイモだよ　おしゃべりしているよ

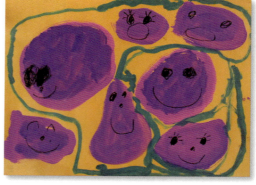

友達の絵について見立てたり話を聞いたりできるように、子どもの目線を考えて低い位置に作品を掲示する。

子どもに話を聞いたりしながら描いている内容に共感し、一人一人の表現内容を読み取るようにする。

幼児期の終わりまでに育ってほしい姿

●自分の手でしっかり土を掘り、サツマイモを見つけたり収穫したりする手応えを感じる。

●収穫したサツマイモの多さ、多様な形に驚く。
●大きさや形で、分けたり並べたりする。
●土やツル、サツマイモの匂いに気付く。
●体験したことを自由に絵に表す楽しさを感じる。
●色や形から見立てやイメージをもつ。

●保育者や友達に気付いたことを伝え、自分の表現したことを認められたり共感されたりする。
●収穫したイモを大切に扱い、感謝の気持ちをもって食べる。
●イモを傷付けないように掘り方を工夫する。

●絵の具で描きながら、思い付いたことを言葉で表現する。
●保育者や友達の描いたものを見て、刺激を受けたり自分とは違う表現を知ったりする。

展開・応用

イモ掘りはイモだけでなく、感触を楽しんだりそのものに触れて遊んだり、ツルや葉を使って様々な造形表現が楽しめます。焼きイモなどの過程でいろいろな素材に出会い、それぞれの特性を知ったり感覚刺激を受ける経験が様々な表現へとつながります。

イモのツルを体や遊具に巻き付けて

イメージをもって変身やおしゃれ、ジャングル作りを楽しむなどの表現も生まれてきます。

焼きイモ

落ち葉拾いやサツマイモ包み、たき火の火おこし、もみ殻との出会いなど、焼きイモに至るまで様々なことを経験します。

イモ掘りの様子を思い出し、コンテでサツマイモの色や土の風合いを表現しました。

他の描画材料を使って（5歳児）

サインペン・コンテ・タンポなどを使って質感を表現することができます。

サツマイモの形をサインペンで描き、タンポで着色しました。

かく遊び

4歳児 10月

パスでかく
玉入れ、いっぱい入ったよ

主な材料・用具
- 絵の具
- 画筆
- パス
- 画用紙

子どものいまの姿
- 友達と一緒にすることの楽しさを感じている。
- 繰り返し、取り組もうとする姿が見られる。
- 「自分のクラス」「同じクラスの友達」という意識が生まれてきている。

題材と生活のつながり
- 自由に描いたり身近なものを描いたりすることを楽しむ。
- いろいろな玉入れ遊びに興味をもち、保育者や友達と繰り返し取り組んだり、競うことの楽しさを感じたりしながら、運動会を楽しみにできる。

であい
こんな遊びが生まれるよ

「クマさんのお口に食べさせてあげよう！」

「タコさん玉入れは足がいっぱい！どこから出てくるかな？」

「あれ？お口に入れたら下から出てきたよ。タンバリンの音も聞こえたよ」

「玉入れ、楽しかったね」

「いっぱい玉を描いたよ」

教材の教育的価値

玉入れは誰もが取り組みやすい遊びであり、表現活動にも結び付きやすい題材である。かご・玉・人など、表現する内容に応じてパスや絵の具を選んで使えるようにすることで、思いが豊かに表現できる。

育ちの方向性（指導案）

保育者の願い

ねらい

楽しかった玉入れや、玉がたくさん入った喜びを自由に表現する。
　　　　　　　　　学びに向かう力、人間性等

パスや絵の具を選んで使い、表現方法の違いに気付く。
知識及び技能の基礎

いろいろな色の玉の美しさや数・量に関心をもち、自分の思いを伸びやかに表現する。
思考力、判断力、表現力等の基礎

→ ねらいを達成するために…

内容

- 楽しかった玉入れを思い出し、自由にかく。
- 保育者や友達に自分のかいた絵を見せたり思いを伝えたりする。
- 友達のかいた絵をみんなで見る。

- 絵の具や筆の使い方に慣れる。
- 絵の具とパスの違いに気付き、かきたい方法で表現する。

- 玉の色に興味をもち、美しさに気付く。
- 玉の大きさや形、数に関心をもってかくことを楽しむ。

時間	環境の構成	予想される子どもの姿	保育者の援助・留意点
10：15 10：20 10：45	●かごの高さを感じられるように画用紙を縦長にしたり、かごいっぱいの玉を表現しやすい正方形に切ったりしたものを準備して選べるようにする。 ●描きながら友達の様子が見えたり、保育者が子どもたちの表現を取り上げている言葉が聞こえるよう、画板の配置や向き、子ども同士の距離、保育者が動き回れる空間を取っておく。 ●線で描く楽しさと塗り広げていける楽しさの両方を選んで使えるよう、パスと絵の具を準備する。 ●絵の具は、はっきりとした色合いになるよう、濃いめに準備しておく。 ●勝ちたいという子どもの思いや玉がたくさん入った喜びなどを十分に聞けるよう、時間にゆとりをもつ。 **環境のポイント** ●画用紙を縦長や大きなかごが描けるような正方形に切って用意しておく。 ●玉の色（絵の具）が映えるような画用紙の色を選ぶ。	●描きたいものをイメージして、画用紙の色や大きさを選ぶ。 ●保育者や友達と玉入れの様子を思い出し、勝ちたいという思いなどを表す。 ●描いた絵を保育者に見せたり、こんな風に投げたらたくさんの玉が入って嬉しいという気持ちを伝える。 ●絵の中の玉入れを楽しみ、だんだん玉が入ってくる様子を喜んで表現する。 ●保育者に認めてもらい満足して画板やパスを片付ける。	●「今日は画用紙のかごいっぱい玉入れをしよう」「○○ちゃんはこんな風に玉入れしていたね」「○○くんはどうやったら勝てるかな？」など投げかけながら、それぞれの思いに応じて画用紙が選べるように働きかける。 ●遊びの中での様子を思い出したり、もっとやりたいという思いがもてるよう、一人一人の思いを引き出し、共感し、楽しみながら聞く。 ●腕を伸ばして玉を入れようとしたり、たくさんの玉を投げようとしている思いが表現につながっている様子を具体的な言葉で認め、表現する楽しさや意欲につなげていく。 ●絵の具やパスで玉を丁寧に表現できるよう、個別に関わりながら玉入れのイメージを子どもと一緒に味わっていく。 ●個々の子どもの思いを聞いたり他児と一緒に共感したりしながら、玉入れの様子を楽しむ。
ふり返り・評価	●パスの線描を取り入れたことで、表現したい部分が伸び伸びと表現でき、描く楽しさを味わうことができた。 ●運動会前に「明日の玉入れは勝ちたい」という気持ちを絵に表現することで、期待や意欲につながったのではないかと感じた。		

遊びの展開

1 玉入れをする

「玉入れ名人になれるかな」

園庭で遊んでいる玉入れのかごを保育室に用意して遊ぶ。

2 玉入れの絵を描く

「昨日の玉入れは負けて悔しかったなぁ」

「たくさん入った絵を描こう」

遊んだ後、画用紙を用意する。
長い画用紙を選び、高いかごいっぱいに入った玉を表現する。

3 話したり聞いたりする

「先生見て見て。いっぱい入ってぼくたちのクラスが勝ったよ」

自分の思いを伝える。

個々の子どもの描いた思いを他児と一緒に聞いて共に楽しむ。

隣のクラスと競争したときの玉入れを表現した。子どもたちの願いが表れる。

ふれあい
たかめあい

幼児期の終わりまでに育ってほしい姿

- 的やかごに向かって玉を投げる。
- 思いきり体を動かす心地よさを味わう。

- 簡単なルールを知り、守って遊ぼうとする。
- 友達と一緒に力を合わせることの楽しさを感じる。
- 勝ったり負けたりする嬉しさや悔しさを味わい、自分の気持ちを表したり、調整したりする。
- 気付いたことや考えたことを保育者や友達に話す。

- 玉の多い・少ないを感じたり、数を数えることを楽しんだりする。
- いろいろな玉入れを楽しむ中で、かごや的の高さ、大きさに気付く。

- どうすれば玉が入るか考えたり、試したりする。
- 自分の体験したことを基にしながら、考えたことを表現する。
- 自分なりの表現を認めてもらい、満足感を味わう。

展開・応用

玉入れは一人一人の子どもがどのような思いをもっているのか、その内容が表現できることが必要です。「アメみたいに、いろいろな色の玉があるといいな」といろいろな玉の色を表現する子どもや、「かごが曲がっているといいね」と自分たちの方へかごを曲げている子どもなど、個々の思いを読み取れる保育者でありたいものです。

玉入れ（4歳児）

4歳児は、玉入れ全体のイメージや雰囲気を楽しみます。玉入れの勝敗にこだわることよりも「いっぱい玉が入ると楽しい」と感じています。素朴な思いが表現できるよう、身近なパスや絵の具を準備します。

玉入れ（5歳児）

5歳児では、自分の体験を再現する中で、玉の動きを表現しようとする姿も見られます。線描で表現することを楽しむ時期なので、サインペンや鉛筆などで描き、丁寧に表しています。

かく遊び

5歳児 4月

絵の具でかく
タケノコを見つけたよ

主な材料・用具
- 絵の具
- 画筆（大・小）
- サインペン
- 画用紙

子どもの いまの姿	・年長になった喜びを感じながら、友達と一緒に生活を楽しんでいる。 ・春の自然物や身近な生き物に関心をもって世話する姿が見られる。 ・イメージしたことを、身近な素材を工夫して使い、表現する姿がある。
題材と 生活の つながり	・季節感があり、五感を刺激するタケノコ掘りの体験は感動的である。 ・タケノコを食べたり皮で遊んだりしたことから、想像を豊かにする。

こんな遊びが生まれるよ

であい ／ **ふれあい**

「石で掘ろうか？」

2人で1本のタケノコを道具を使わずに掘る。

「花火みたい」

たかめあい

「タワーだよ」

タケノコの皮で造形遊び。

「力を合わせて、もう少し」

棒を探してきて足で踏ん張って掘る。

「重たいね。やったー！」

教材の教育的価値

子どもにとってタケノコは、植物として成長も早く、皮をむくなど関わりやすく表現しやすいものである。タケノコの大きさと自分の思い「○○があったらいいな」が表現しやすいように絵の具とサインペンを使う。

育ちの方向性（指導案）

| 保育者の願い | ねらい | → ねらいを達成するために… | 内容 |

ねらい

学びに向かう力、人間性等

タケノコ掘りの体験から、五感を通して感じたことや思いを伸びやかに表現する。

絵の具やサインペンを使って丁寧に表現する。

知識及び技能の基礎

タケノコに興味をもち、皮をむいたり並べたりしながらイメージを豊かに広げて表現する。

思考力、判断力、表現力等の基礎

内容

- 仲間で、道具を使わずに自分たちの手でタケノコを掘る。
- タケノコを掘ったり皮をむいたりしながら、感じたことを友達に伝えたり、共有したりする。
- タケノコからイメージしたことや思いを保育者や友達に話す。
- 雲まで届くタケノコや毛が生えている美しいタケノコなど、タケノコに寄せる思いを絵の具やサインペンでかく。

時間	環境の構成	予想される子どもの姿	保育者の援助・留意点
9:30 9:45 10:00 10:15 10:20	●絵の具は1色でなく、混ざったり変化した美しさが感じられるように何色か準備する（赤・こげ茶・茶・薄橙・緑・黄緑など）。 ●画用紙は、4色ほど（薄い黄・灰・水色など）準備し、自分で選べるようにする。背の高いタケノコを描きたくなった場合には、足せるよう多めに準備する。 ●画板は4人が向かい合うように置き、真ん中に絵の具と手拭きタオルを置く。 ●イメージがわきやすいように採ってきたタケノコを2～3本見えるところに置く。 **環境のポイント** ●絵を描く環境として、4人が向かい合い、互いの作品を見ながら、話したり刺激を受けたりできる配置にする。 ●絵の具の色は、少しずつ変化させた5色ぐらいで、画用紙との色合いを考えて色画用紙の色を選ぶ。	●保育者の話を聞く。 ●「○○のタケノコで遊びたい」というイメージを広げ、「高く雲まで行きたい」「登りたい」「中に入って住みたい」など、自分の思いを話す。 ●絵の具で自由に描く。 ●「ほら、高くなった」「毛がいっぱいあるよ」など、思いを近くの友達に伝えたりする。 ●絵の具が乾いてきた子どもから、遊んでいる友達や家の様子など絵の具では描きづらい細かいところをサインペンで描く。 ●保育者や友達に自分の描いたことなどを伝える。 ●画板などを片付ける。 ●飾ってある絵を見る。	●タケノコ掘りの体験を思い出し、感触や思いを話し合って感動を確認する。 ●どのようなタケノコと遊びたいか、それぞれのイメージを広げるようにする。 ●前に置いてあるタケノコを見せながら、個々の思いを取り上げ、友達と共有するように働きかける。 ●色の使い方など工夫しているところを認める。 ●絵の具が乾いていないと描きにくいことを伝え、乾いてから描くようにする。 ●個々のイメージを聞いたり、工夫しているところを認めたりする。 ●話を聞いたり展示したりすることで、認める機会を作る。
ふり返り・評価	●作品に寄せる子どもの思いを聞いたり飾ったりしたことで、個々の表現をしっかり読み取ることができ、子どもたちは満足であった。 ●体験したことなので、「○○の匂いがする」「皮をむいたら中は白いね」など言葉で伝え、それを表現するなど具体的にイメージが広がりやすいように感じた。		

遊びの展開

1 タケノコを掘る

「根っこが見えてきた」

「石を持ってきたよ。これで掘ろう」

「3人の仲間で力を合わせてどうしたらタケノコが掘れるか考えて掘ってみよう」と働きかける。

土手になっているので、足を踏ん張り、手で土を退ける。

3 タケノコ掘りの体験を話し合う

「タケノコ掘りしたね。なかなか掘れなかったね。でも力を合わせたから、大きいのが掘れたね」と感動を再度呼び起こす。

4 タケノコを描く（導入）

「こんなタケノコが欲しいなと思う、自分の欲しい・遊びたいタケノコはどんなの？」と働きかける。

自分が遊びたいタケノコについて話す。

「先生、紙がない。もう1枚つなげて」

「滑って登れないかもね」

「毛がいっぱいあったよ」

画用紙は自分で色を選んで使うよう助言し、細筆や太筆の使い方を知らせる。サインペンは絵の具で描けた頃に1人1本渡し、自分や友達が遊んでいる様子などを描くと楽しいことも伝える。

2 皮で遊ぶ

「皮がチクチクして手に付く」

「中は白だ！いい匂い」

「皮をむいてもむいても皮」

「大きい皮、小さい皮、ロボットになるよ」

「皮って何に見える？」「何ができる？」と働きかける。人間・帽子・ロボットなどの見立てに対して共感しながら関わる。

5 友達の絵を見る

「色が美しい」

「おうちになっている」

「こんなにたくさん毛が生えている」

「お日さまに当たって喜んで笑っている」

絵が乾いたら壁面などに貼り、個々の子どもの思いや工夫を話す機会を作り、友達の作品のよいところを認め合うようにする。

「高いのがいいな」

「階段がないから梯子を付けよう」

「かぐや姫が住んでいるタケノコがいいな」

幼児期の終わりまでに育ってほしい姿

- 2～3人で協力しながらタケノコを掘る。
- 土手の傾斜で足を踏ん張りながらバランスを保つ。
- どうしたら掘れるかを考え、見つけた棒や石を使って工夫する。
- タケノコの成長を感じ、伸びていく様子に感動する。

- タケノコの皮の感触や匂いに関心をもつ。
- 皮をむく楽しさや色の変化に関心をもつ。
- 皮をいろいろなものに見立てたり、作ったりしながらイメージを広げる。
- 雲まで届くタケノコ・毛がいっぱいある美しいタケノコなど、タケノコに寄せる思いを描く。

- 自分の描きたい内容やイメージを言葉で伝える。
- 友達の話を聞いて、自分なりにイメージをもったり共有したりする。
- 友達の描いたものを見て、よいところを認める。
- 自分の思いを話したり、認められたことで、自信をもつ。

展開・応用

タケノコとの関わりから、竹になっていく成長を見たり、竹を生かした遊びを工夫したりしながら、竹と深く関わることが大切です。竹の香りや素材感を体で感じ、生活の中で、身近な材料として大切なものであることも知ってほしいと思います。

竹ぽっくり

いい音がするね

流しそうめん

竹太鼓

来た来た、流れてきたよ

竹の木琴

竹は音の違いを感じることができる素材であり、子どもでも身近に作れる楽器となります。音楽会で他の楽器と合わせて演奏しても楽しめます。

かく遊び

5歳児 5月 サインペンとコンテでかく
エンドウ豆、どんどん伸びるよ

主な材料・用具
- サインペン
- 油性マーカー
- コンテ
- 画用紙

子どものいまの姿
- 進級したことを喜び、年長児になったことへの期待をもち、様々な活動に意欲的に取り組んでいる。
- 前年度に種まきをし、世話をして育ててきたエンドウ豆にはひときわ関心や愛着をもち、収穫を心待ちにしている。

題材と生活のつながり
- ツルを伸ばして成長するエンドウ豆の様子に関心をもち、面白さが表現への意欲につながる。
- エンドウ豆を収穫し、友達と一緒に分け合う中で、色・形・大きさ・数などへの関心も高まっていく。

こんな遊びが生まれるよ

「であい」

「花が咲いているね。この後、豆になるのかな」

「はさみで採らなきゃ上手くいかないよ」

「ツルがいっぱい!エンドウ豆がたくさんぶら下がっているよ!」

春を迎えて大きく成長するエンドウに水やりをしたり、花について絵本や図鑑で調べたりする。

収穫した豆をみんなで分ける活動の中で、色や形、大きさや数などに興味をもち、みんなで相談したり考えたりすることができる。

「ツルがクルクル伸びていたなぁ」

教材の教育的価値
自分たちが愛情をかけて育ててきた植物だからこそ興味や関心も高まる。サインペンやコンテを使うことで成長の様子や「○○になったらいいな」という思いを細やかに表現できる。

育ちの方向性（指導案）

保育者の願い

ねらい
エンドウ豆の成長に関心をもち、自分たちで世話をする中で、よく観察し、イメージを広げて自由に表現する。

学びに向かう力、人間性等

ねらいを達成するために…

内容
- 保育者や友達と一緒に世話をしながら関心をもったことを伝えたり調べたりする。
- ツルが伸びていく様子や、さやが膨らんでいく様子などに興味をもつ。
- みんなで育てたエンドウ豆を友達と一緒に収穫したり分けたりする。
- イメージや描いたことなどの思いを保育者や友達に伝えたり、聞いてもらったりする。

- 成長する過程や、ツルの動きの面白さを、自分の思いを込めて表現する。
  知識及び技能の基礎

- 大きさ・形・数・高さなど、エンドウ豆を育ててきた中で関心をもったことを表現する。
  思考力、判断力、表現力等の基礎

時間	環境の構成	予想される子どもの姿	保育者の援助・留意点
9：30 9：40 10：00 10：30	●緑・黄緑のサインペン・油性マーカーを用意し、選んで使えるようにしておく。 ●画板は友達と向き合えるように環境や空間を工夫し、互いの表現に触れたり話したりしながら楽しく描けるようにする。 ●ツルの伸びていく様子や、豆の数、大きさなど、子どもが捉えたことや表現したいことを表すことができるようにサインペンや油性マーカーを使う。 ●サインペンや油性マーカー、コンテは友達と共有して使えるようにする。 ●思いを込めて線描を楽しめるように、コンテは線を描き終えてから使うように用意しておく。 **環境のポイント** ●豆の成長や伸びていく様子をイメージしたり、楽しんで表現することができるように、4切画用紙を2分の1・3分の1など縦長の形に切っておく。 ●ツルの動きの面白さを捉えて描くことを楽しめるように、サインペン・油性マーカーを使う。	●自分の描きたいものをイメージして紙の大きさを選ぶ。 ●友達の話を聞いて、さらにイメージを広げたり、自分の表現に取り入れたりする。 ●友達の描いていることや表現に触れ、よさを感じたり取り入れようとしたりする。 ●コンテを削ったり、混色したりしながら色を塗る。 ●自分が描いたことや表現しようとしたことを保育者や友達に伝える。 ●友達の絵を見る。 ●使った材料を片付ける。	●冬から春にかけてゆっくりと成長していく様子を表現できるように、種を植えたり水やりをしたり、世話をした話などをして、感動したことを振り返りながら思いを込められるように働きかける。 ●エンドウ豆を育ててきた中で感じたこと、気付いたこと、知っていることなど、一人一人のイメージが広がるように働きかける。 ●一人一人の話を楽しく聞くことで、周りの友達の表現意欲につながるようにする。 ●その子のイメージや描いたことなどの話を丁寧に聞くことで、工夫したことを知ったり、一人一人が表現したことに共感することで、表現の喜びが感じられるようにする。 ●エンドウ豆を描く中でその子がイメージを広げたことや話を楽しみながら聞き、満足感につなげる。 ●友達の作品を一緒に見ながら話を聞く。
ふり返り・評価	●ツルがゆっくりといろいろな方向に伸びていきながら成長する様子などを丁寧に楽しみ、描くことができた。 ●自分たちが世話をしていたことを思い出し、振り返ることでイメージをさらに広げることができた。 ●自然物ならではの動きや形の面白さがより豊かな表現につながった。		

遊びの展開

1 水やりなどの世話をする

ツルがクルクルって伸びてきているね

ほら、ここに書いているよ

「ツルで網につかまって伸びていくんだね。絵本で調べてみるといろいろなことが分かるね」など、子どもの気付きに共感し、成長を楽しむ。

2 収穫した豆を分ける

これは豆が3つ入っているよ。いくつずつ分ける？

本当はたくさん欲しいんだけどね…

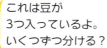 色や形、数や大きさなどに関心が向けられるようにする。

3 どんどん伸びるエンドウ豆を描く

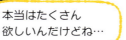「冬に種をまいてゆっくり伸びてきたんだよね」など、丁寧にゆっくりと描けるように働きかける。

4 コンテで色を塗る

この豆は4つも入っているんだよ！

 描画材料の特長や使い方などを指導し、その材料が生かせるように工夫する。

5 描いた絵から思いを伝える

たかめあい

 描いた絵のおはなしを聞くことで子どもたちの思いが自信につながる。

幼児期の終わりまでに育ってほしい姿

- 愛情をもって栽培物の世話を主体的にし、収穫を楽しみにする。
- エンドウ豆の成長に関心をもち、大きく育つことへの感動を味わう。

- 収穫した豆を分け、色や形、大きさなどに関心をもつ。
- 友達と一緒に数を数えたり、量を合わせて分けたりする。
- 収穫した豆を食べ、感謝の気持ちをもつ。

- 自分たちが育ててきた豆に思いを込めて、ツルの動きや伸びていく様子などを表現する。
- 自分のイメージや思いをゆっくりと線で表現する。
- 描いたことや思いを自分の言葉で伝え、伝わる喜びを感じる。

- 友達と豆を育てたり収穫したりする喜びを感じる。
- 自分の思いを表現できたことに満足感をもつ。

展開・応用

自然物ならではの形の面白さや色の美しさは子どもの感動を呼び起こし、豊かな表現につながります。育てることによる興味や関心の高まり、不思議さや成長への期待が探求心にもつながるようです。豊かな生活が豊かな表現を生み出します。

エンドウ豆

ビワの木

ラディッシュの家族

カボチャの馬車

大きなカブ

かく遊び

5歳児 6月

サインペンと絵の具でかく
あのカエル、どうしているかな

主な材料・用具
- 絵の具
- 画筆
- サインペン
- 色鉛筆
- 画用紙

子どもの いまの姿	・新しいクラスの友達と遊ぶことを楽しむ姿が見られる。 ・身近な生き物を見つけたり、捕まえたり、飼育したりして関心をもっている。
題材と 生活の つながり	・生活の中で体験したことを、さらに絵本の世界に入り込むことで、想像を広げたり、生き物への愛着を深めたりする。

こんな遊びが生まれるよ

であい

友達と一緒にオタマジャクシ捕りを楽しむ。

「オタマジャクシ見つけた！捕まえたいな」

自分で捕まえたオタマジャクシは、ペットボトルで作ったマイバケツで育てていく。

ふれあい

「汚れたお水、替えてあげよう。足が出てきたよ〜」

毎日世話をする中で変化や成長に気付き、保育者や友達に伝える。

「元気でね。また遊ぼうね〜」

カエルになったオタマジャクシを広い庭に放してお別れの時を迎える。自分のカエルに愛着が芽生えている。

教材の教育的価値

オタマジャクシは身近な生き物で成長も早く、子どもにとって親しみやすい飼育物である。サインペンは太さの変化もあり、成長の様子を表現しやすい材料である。

育ちの方向性（指導案）

保育者の願い

ねらい

学びに向かう力、人間性等

オタマジャクシに気持ちを寄せて飼育した経験と、おはなしの世界を合わせながら、イメージを広げて表現する。

絵の具やサインペン、色鉛筆を使って、自分なりの思いを自由に表現する。

知識及び技能の基礎

色の配色や混ざり方を考えながら、池や水辺の表現を楽しむ。

思考力、判断力、表現力等の基礎

内容

- オタマジャクシに興味をもち、調べたり、友達と気付いたことを伝え合ったりする。
- 放したカエルが楽しく遊ぶ様子を想像しながらかく。

- サインペンや色鉛筆の使い方を工夫し、線や色の美しさを楽しむ。
- 自分の思いが表しやすいサインペンで、細やかな表現を楽しむ。

- 色の美しさを感じながら、かいたり塗ったりすることを楽しむ。

時間	環境の構成	予想される子どもの姿	保育者の援助・留意点
10：00 10：15 10：50 12：45	● 『10ぴきのかえるのなつまつり』の絵本がどの子も見えているか確認する。 ● 絵の具は水の濃淡や混じり合う美しさを感じられるように、変化を付けた水色の絵の具を6色用意する。（青・白・緑の絵の具を混ぜ合わせ、にじみやすいよう水分量を調整する。） ● 描いた絵を乾かす棚を用意し、乾かしておく。（昼食） ● サインペンを使うことを伝える。 ● 画板は、4〜5人で向かい合わせることで、友達と思いを話し合いながら描ける雰囲気を作っていく。 **環境のポイント** ● 画用紙は、白を基調とした色をいろいろな形に切って用意し、選べるようにする。 ● サインペンでの表現が生かされるよう、池や沼の絵の具の色や濃さを考えて薄めに準備する。	● オタマジャクシがカエルになってどう過ごしているかイメージしたことを話し合う。 ● 沼や池の絵の具を塗っていく過程で形や色を考えながら描く。 ● 描いた絵を棚で乾かす。 ● お祭りに行った経験や遊んでいる様子を友達と話し合いながら「お祭りのちょうちんを描こう」「雨の中で踊っているよ」など、イメージの世界を楽しむ。 ● カエルのお祭りの様子や遊んでいる様子を保育者や友達に伝える。 ● 画板や絵の具、サインペンなどを片付ける。	●「あのお別れしたカエルは今頃どうしているのかな」と話しかけ、実体験と絵本の世界をつなげながらイメージを広げるように働きかける。 ● 個々の形の面白さや、混ざり合う色の美しさを丁寧に認め、他児にも知らせることで、より意欲を高めていけるようにする。 ● カエルの好きな沼や池、水などを絵の具で表現しようと働きかけ、カエルが喜ぶようにすることで表現意欲につなげる。 ● 一人一人のお祭りのイメージや遊びの様子を理解しながら、カエルが楽しむことを表現するよう助言する。 ● サインペンでカエルの様子を描いたり必要なところは色鉛筆で着色を楽しむよう伝えながら線や色の美しさに気付くようにする。 ● 友達とお互いの作品が見合えるように並べたり貼ったりして認め合う機会を作る。
ふり返り・評価	● 絵本のイメージや、育てて放したカエルのその後の生活などを想像して、友達と会話を楽しみながら描くことができた。		

遊びの展開

1 保育者が絵本『10ぴきのかえるのなつまつり』を読む

自分たちの育てていたカエルがどんな暮らしをしているのか、カエルの世界のイメージが広げられる絵本を選ぶ。

2 導入

- 川に帰ったよ
- 友達カエルに会っているよ
- 歌を歌ったり踊ったりしているよ

「あの放したカエルさんは今頃どうしているかな」など、子どもの実体験と絵本の世界をつなげながら子どものイメージを広げる。

3 「ぼくのカエルはどうしているかな」と思いを寄せながら絵を描く

わたしはきれいな池のお魚を描いているよ

たかめあい

子どもたちの声や反応に共感し、楽しんで描けるようにする。

自分の描いた内容を友達に伝えるなどして、お互いに刺激を受け合う。

4 みんなの描いた絵を子ども同士で見て認め合う

- 雨の中で踊っているよ
- ○○くんのカエルは泳いでいるね

「みんなのカエルさん、楽しんでいるね」

幼児期の終わりまでに育ってほしい姿

- オタマジャクシに興味をもち、成長や変化に気付く。
- 図鑑などを見たり、自分で調べたりする。
- 自分のオタマジャクシを自分で育てる責任をもつ。
- えさをやったり水を替えたり、オタマジャクシのことを思いながら世話をする。
- 自分のオタマジャクシに愛着を感じる。

- オタマジャクシは何を食べるのかなど、調べたことを確かめたり試したりする。
- オタマジャクシがカエルになるまで経験したことを描いて自分の図鑑を作る。

- 自分の育てたカエルに、思いを込めて表現する。
- 絵本の世界からさらに自分のおはなしを広げ、感じたことや想像したことを楽しんで表す。
- サインペンや色鉛筆の使い方を工夫し、線や色の美しさを楽しむ。

- 自分が見たことや気付いたことを友達同士で話し合う。
- 友達の得意なことに気付いたり、相手を認めたりする。

展開・応用

カエルは身近な生き物なので親しみやすく、成長に関わりながらいろいろな表現が生まれます。

図鑑作り

自分の経験から図鑑を作り、絵と文字で表現しています。

紙コップで作ったカエル

カエルになって表現遊び

ペットボトルで作ったカエル人形

【カエル人形の作り方】
① ペットボトルの中に緑・黄緑の紙を詰め、カエルの胴体を作る。
② 新聞紙を丸めた上からいろがみなどをのりで貼り付け、頭を作る。
③ 細長く切った画用紙を2枚、蛇腹折りにして手足を作る。
④ 画用紙で目を付けたりサインペンで口を描いたりする。

かく遊び

5歳児 10月

サインペンとコンテでかく
ライオンってかっこいい！

主な材料・用具
- サインペン
- コンテ
- 画用紙

子どものいまの姿	・いろいろな素材を使って表現してきた経験があり、より細かい表現を楽しむようになっている。 ・動物園で見てきたライオンの大きな口やたてがみの迫力に関心が強い。友達と一緒に見たことで共通の話題になっている。
題材と生活のつながり	・バス遠足にみんなで行き、実際に見た感動を共有している。 ・ライオンは絵本でもよく見ることがあり、子どもにとって興味・関心の高い動物である。

こんな遊びが生まれるよ

であい
コンテを削った粉を用意してコットンに付け、色を付けていくことを楽しむ。(4・5歳児)

「おしゃれなびんになった！」

「わー、きれいだね！おいしそう！アイスが溶けそうだよ」

であい
サインペンで線に心を込め、自分の思いを丁寧に表現する。(上：4歳児、下：5歳児)

「やった！みんなでリールに乗れたよ」

コンテは混色することもできる。混色するときは、混ざっても美しい色合いになる色を環境として準備する。また、コンテとめ液をスプレーしておくと色移りなどを防ぐことができる。

教材の教育的価値
どの動物の何に関心をもったのかを捉えることが表現意欲につながる。大きな口やたてがみを表現しやすい材料として、コンテとサインペンを準備する。

育ちの方向性（指導案）

保育者の願い

ねらい
かくことを楽しみながら動物へ思いを寄せ、イメージを広げる。

学びに向かう力、人間性等

- サインペンやコンテを使った新しい技法に関心をもち、丁寧に表現しようとする。
  知識及び技能の基礎
- 感動したことや気付いたことを伝え合う楽しさを味わい、様々な表現を楽しむ。
  思考力、判断力、表現力等の基礎

ねらいを達成するために…

内容
- 心動かすできごとに触れ、イメージを豊かにする。
- 友達の作品を見て、それぞれのよさを感じる。

- コンテの特長を知り、イメージに合う方法で表現しようとする。
- 見たことや知っていること、イメージしたことを細部まで思いを込めて丁寧に工夫してかく。

- 自分が表現したかった内容を友達に伝え、認められた喜びを味わう。

時間	環境の構成	予想される子どもの姿	保育者の援助・留意点
10：30 10：40 10：55 11：15	●遠足のときの写真を保育室に掲示したり、動物図鑑を準備したりし、興味をさらに深められるようにしておく。 ●お互いに刺激を受け、表現しやすいように画板を向かい合わせに置く。 ●細かい表現がしやすいようにサインペン（黒）を準備する。 ●画用紙は薄茶色の濃淡などを準備し、子どもが選べるようにする。 ●コンテをぼかす際に使用するティッシュやコットンなどは、すぐに取りやすく捨てやすいように容器に入れ、取りやすい位置に置く。 ●コンテで手が汚れることを嫌がる子もいるので、手拭きを用意する。 **環境のポイント** ●コンテは画用紙の色と表現しようとするライオンに合う色を選んで準備する。 ●コンテをぼかしやすいティッシュやコットンを用意する。	●「がお〜って大きな口を開けていたね」「たてがみがふわふわしていて気持ちよさそうだったなぁ」など、遠足で見てきたライオンの印象に残ったことを伝え合う。 ●「どんなものを食べるのかな？」「一緒に遊びたいな」と、さらにイメージを広げて描く。 ●コンテで色を塗ったりぼかしたりする。 ●ぼかしで使ったティッシュやコットンをゴミ箱に捨て、片付ける。 ●手を洗う。 ●友達の作品を見たり、作品の内容を聞いたりする。	●楽しかったバス遠足を話題にし、そのときに子どもたちが発していた言葉を伝える。 ●それぞれの思っているライオンのイメージを捉える。 ●それぞれの思いに共感しながら言葉にすることで、間接的に周りの子どもにも伝え、自分なりのライオンのイメージをもてるようにする。 ●「印象的だった大きな口から描いてみよう」「鋭い歯があったね」と個々に対応する。 ●子どもたちがイメージしているライオンのたてがみのふさふさした様子を表現するための方法としてコンテのぼかし方を伝える。 ●「コンテはこんな使い方もできるよ！」とフワフワ感が表現できることを伝え、自らもやってみたくなるようにする。 ●友達が工夫したところや美しいところをみんなで見つけて発表するよう助言する。
ふり返り・評価	●フワフワのイメージが表現できたことを喜ぶ姿が見られ、表現することが楽しいと感じることにつながった。 ●特別な動物は思いを寄せやすく、一緒に遊んだり肉をあげたりしたいとイメージが広がり、表現意欲につながった。		

遊びの展開

1 動物園に行きみんなで一緒にライオンを見る

子どもたちの気付きに共感し、気付きを引き出す。

2 ライオンを見て気付いたことを話す

- 大きな口だなぁ。歯がいっぱい！
- あの歯でお肉を食べるんだね
- わぁ、かっこいい！髪の毛がフサフサしているよ

一人の気付きや思いを全体に知らせ、共通体験になるようにする。

3 写真や絵本を見ながら印象的だったことを話し合う

動物園で子どもたちが発していた言葉を伝え、印象的だったことを再確認する。

であい　ふれあい

4 自分の思いを描く

- ガオーって言っている口を描こう

それぞれの表現している内容や思いを引き出し、楽しんで描けるようにする。

5 自分が描いた絵について話す

- 一緒に遊びたいな。お肉をあげよう
- たてがみがフサフサしていたね

経験したこととおはなしの世界を結び付け、想像をめぐらせられるように話を聞いたり保育者の思いも伝えたりしながら、他の子どもの表現に触れられるようにする。

幼児期の終わりまでに育ってほしい姿

自然との関わり・生命尊重

●好奇心をもって動物を観察し、動物への関心が高まる。命あるものへの親しみや尊さを感じる。

言葉による伝え合い

●友達と経験したことを言葉で伝えたり、相手の話を聞いて新たなことに気付いたりする。
●自分が表現したかった内容を友達に伝え、認められた喜びを味わう。

豊かな感性と表現

●コンテのよさを知り、自分なりに工夫して使い、イメージしたことを表現する。
●心を動かしたことを工夫して表す。

協同性

●友達の作品を見てそれぞれのよさを感じる。
●写真や絵本を見ながら動物の印象的だった動きや特徴を共有する。

展開・応用

身近な動物をいろいろな方法で表現しています。動物は身近な存在であり、親しみをもったり思いを寄せたりしやすい題材です。フラミンゴやゾウなどは動きに特徴があり、イメージを広げたりおはなしを作ったりすることができます。

絵の具・サインペン
（5歳児）

絵の具・パス
（4歳児）

絵の具・サインペン・色鉛筆
（5歳児）

墨汁・絵の具・サインペン
（5歳児）

かく遊び

5歳児 11月

絵の具とパスでかく
こんな木があったらいいな

主な材料・用具
- 絵の具
- ローラー
- バット
- パス
- 画用紙

子どものいまの姿
- 季節の移ろいを感じ、秋の自然や自然物に興味や関心をもち、自ら関わったり遊びに取り入れたりしている。
- クラスの友達と思いを伝え合い、受け止め合いながら遊ぶ楽しさや充実感を味わっている。

題材と生活のつながり
- 身近な地域の秋の自然に触れ、自然の美しさなど感動したことを保育者や友達と伝え合いながら、自然の中で遊んだり、見つけたり集めたりした自然物を使って造形遊びを楽しんでいる。

こんな遊びが生まれるよ

この実は何だろう？きれいだね

幼稚園の近くの山に遊びに来たよ！いろんな音が聞こえるね

であい

空も紅葉もとってもきれい！

ぼく、木登りもしたかったんだよなぁ

赤い実がいっぱいあったよね

絵の具を混ぜると森の木みたいな色になったね

教材の教育的価値

秋になると木は枝がよく見え、登ったり触れたりしながら関心をもつ。絵の具は自分で色を作る楽しさが味わえる。ローラーで木を表現することで、誰もが簡単に取り組め、曲線や直線を美しく表すことができる。

絵の具を混ぜ合わせ、自分で色を作ることも楽しむ。混色することで、より自然の美しさや深みを感じる色になる。

育ちの方向性（指導案）

保育者の願い

ねらい

学びに向かう力、人間性等
季節の移り変わりや自然の美しさなど感動したことを伝え合い、共感する喜びを感じる。

ねらいを達成するために…

内容
- 身近な自然（森）の中で遊び、季節の変化に気付いたり、自然物に興味や関心をもったりする。
- 友達と一緒に遊ぶことを楽しみ、見つけたことや気付いたことなどを話したり聞いたりする。
- 絵の具の色を自分で作り、美しさを感じる。
- ローラーを使い、工夫して木を表現する。
- 自然の中で感じたことや自分の思いをローラーやパスで工夫して表現する。

ローラーや絵の具などを使って工夫して表現しようとする。

森で遊んで楽しかったことや感じたことなど、イメージを膨らませ、工夫して表現する。

知識及び技能の基礎　　*思考力、判断力、表現力等の基礎*

時間	環境の構成	予想される子どもの姿	保育者の援助・留意点
10：30 10：50 11：15 11：30	●子どもが自分で絵の具を選んで使えるように、溶き皿やスプーンなどを用意する。 ●パレットを用意し、自分で絵の具を混色しながら自然の美しさや色合いを工夫して表せるようにする。 ●線の動きを楽しみながら木や枝が描けるようにローラーを用意する。 ●自分たちが見つけた自然（木の実・葉っぱなど）を表せるように絵の具を用意する。 ●保育者や友達との会話を楽しみながら表現したり、友達の表現に触れ、新しい発想が生まれるように、描く場所・人数・空間などを考える。 **環境のポイント** ●子ども自身が作った色が映えるように、画用紙は薄い色（白・クリームなど）のものを用意する。 ●友達との共通体験を思い出し、互いのイメージを話しながら描くことを楽しめるように4～5人で囲んで描く場を作る。	●自分で絵の具を選び、色を混ぜたり試したりする。 ●ローラーを使って様々な線で木を描く。 ●友達が作った色や、描いた木などに関心をもち、自分もする。 ●自分たちが遊んだことや見つけたもの、興味をもったことなどからイメージを広げ、パスで描く。 ●友達の表現を見て、感じたことを伝えたり、取り入れたりする。 ●使った用具などを洗って片付ける。	●色が濁らないように混ぜる色は2色にすることや、ローラーの基本的な使い方などを知らせる。 ●森で見た木の話などをし、ローラーの動かし方を工夫することで様々な線を表現できるように働きかける。 ●作った色やローラーで表現した木の面白さなど、一人一人が表現を楽しめるよう働きかける。 ●森で遊んだことを思い起こし、おはなしを楽しみながらイメージをより豊かに広げられるように働きかける。 ●一人一人が表現しようとしたこと、表したイメージや話を丁寧に聞くことで、自分の思いを広げながら描いた楽しさ、満足感を味わえるように関わる。また、互いの表現やイメージを認め合うことができるよう働きかける。
ふり返り・評価	●自分たちで色を作り、ローラーで木を描いたことで、色を工夫したり偶然できた色を楽しんだりしながら、自然の木らしい動きのある表現を楽しむことができた。		

遊びの展開

1 自分で色を作る

ローラー遊び、いろんな色を作ってみたよ

絵の具は溶き皿から直接バットに取る。

であい

「自分の色を作ろう」

自分で絵の具を選んで混色を楽しんだり、工夫したりしながら遊ぶ。きれいで深みのある色合いを作ることができる。

2 ローラーで木を描く

ふれあい

ごつごつした木や曲がった枝など、自然の面白さをローラーで表現する。

3 自分の思いをパスで描く

たかめあい

「木で遊びたいことをパスで描こう」

互いの絵を見ることができたり、会話を楽しみながら描くことができる場を作る。

友達との共通体験から、会話の中でよりイメージを広げる。

ローラーを使って自分で木を描いたことにより、木への思いを広げ、木で遊びたいことを豊かに表現する。

幼児期の終わりまでに 育ってほしい姿

●自然の美しさや不思議さに触れ、感動したことを伝え合う。

●友達の表現に触れ、関心をもったり自分の表現に取り入れたりする。
●ローラー遊びの面白さを感じ、工夫しながら表現することを楽しむ。

●森で遊んで楽しかったこと、感じたこと、イメージを膨らませたことなどを工夫して表現する。
●友達と一緒にローラー遊びを楽しみ、気付いたことや分かったことを伝え合って遊ぶ。
●自分で色を作ることを楽しみ、偶然できた色の美しさを感じる。

●自分の思いを保育者や友達と話したり伝えたりする中で、イメージをより豊かに広げて表現する。
●自分なりに思い描いたことを表現する喜びや満足感を味わう。
●絵の具や素材を友達と一緒に使う。

展開・応用

森の探検

ローラー遊びをした紙を使って、バス遠足の道を作りました。森に遊びに出かけるのも楽しみになります。

野に咲く花で生け花

身近な自然を遊びに取り入れる一工夫です。自然物の美しさを生かして様々な表現遊びを楽しむことができます。自然への興味や関心が高まり、自然を大切にしようとする心情も育みます。

素敵な木のおうち　　森のクラフト

楽しかった共通体験から会話も弾み、イメージが豊かに広がりました。(サインペン・色鉛筆)

森で拾ってきたものを使ってクラフト遊び。自分の顔を作ってみました。

かく遊び

5歳児 2月

版であそぶ
つなげたら船になったよ

主な材料・用具
- 版画絵の具
- スチレン板
- バレン
- コンテ
- ローラー
- 鉛筆
- 和紙（16切）
- 模造紙

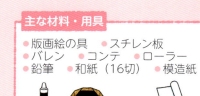

子どものいまの姿	・友達と共通のイメージをもち、思いを出し合ったり協力したりしながら遊びを進めることができる。 ・身近な素材を生かし、自分たちが考えたことがどのようにすれば実現できるのかを考え、期待しながら造形遊びに取り組む姿が見られる。
題材と生活のつながり	・様々なものを写し取る遊びの中で、どうすれば写るのかを理解し、試したり工夫したりしながら遊びを楽しむことができる。 ・「こうなるかな」「こうしたいな」と考えたことを繰り返し、実現していくことを楽しむ。

こんな遊びが生まれるよ

園にあるいろいろな模様をコンテで写したよ

であい

でこぼこしているところが写るんだね

版を組み合わせてコンテで写してみたよ

絵の具でも写せたよ。反対になっちゃった！

ふれあい

円を組み合わせて観覧車にした。様々な形のスチレン板を用意しておくことで、組み合わせて楽しむことができる。

わー、すごーい！やったね！

自分たちで刷ることが楽しく、写ったときは感動する。

教材の教育的価値

版遊びは写ることが楽しく興味をもち、「きれいに写るかな」と試行錯誤したり、何回もやり直したりしながら工夫できる教材である。

育ちの方向性（指導案）

保育者の願い

ねらい
学びに向かう力、人間性等
友達と共通のイメージをもち、考えを出し合いながら表現し、協力してできたことの喜びを感じる。

ねらいを達成するために… →

内容
どのように写るか予想しながら取り組む。
友達と共通の目的をもち、協力して遊びを進める。
互いの思いや考えを出し合い、受け止めながら遊ぶ。

自分たちの考えたことが実現できるように工夫したり確かめたりしながら取り組み、自信をもつ。
材料・用具の使い方が分かり、用途に合わせて選んで使う。

自分たちのイメージに合わせてスチレン板の形を変えたり、かいたりしながら、期待をもってつくる。

様々な道具の使い方が分かり、どのようにすれば写るのか活動に見通しをもって取り組む。
知識及び技能の基礎

自分たちのイメージが表現できるように組み合わせたり色を選んだりしながらつくったり刷ったりする。
思考力、判断力、表現力等の基礎

時間	環境の構成	予想される子どもの姿	保育者の援助・留意点
9：20 10：10 10：40 11：00	●様々な大きさ・形（はがき大・円形など）のスチレン板を用意する。 ●自分たちでも形を変えたりつなげたりできるように、はさみやガムテープなどを準備する。 ●描いて写すことが楽しめるように鉛筆（4Bなど芯がやわらかめのもの）・割箸・キャップなどを用意する。 ●版画遊びを楽しめるように、版を作る場・絵の具を扱う場・印刷する場を作る。 ●版画を繰り返し試せるように、版を洗ったり、作り直したりできる場を用意する。 ●できた版画を友達と一緒に見る機会や場を作る。 ●用具の扱いや片付けが自分たちでできるように整理する。 **環境のポイント** ●様々な形のスチレン板を用意し、イメージを広げて描いたり作ったり、繰り返し写すことを楽しめるようにする。 ●個々で版を作り、つなぎ合わせてイメージを共有できるよう、大きな和紙を準備してそこに写すようにする。	●スチレン板を組み合わせたり描いたりする。 ●鉛筆・割箸・キャップなどを使って絵を描く。 ●スチレン板に描いた絵を写す。 ●1枚の紙に自分や友達の作ったものを一緒に写す。 ●写したことからイメージを共有し、新たな版を作る。 ●友達と話し合い、写し方を考える。 ●友達がしていることに関心をもち、協力したり、感じたことを話したりする。 ●自分たちの版画を見て、さらに描きたい内容を友達と考える。 ●版・ローラーなどは周りに付かないように包んで友達と一緒に片付ける。	●互いが楽しんで取り組む様子を伝え、発見を喜んだり工夫につながるように働きかける。 ●鉛筆・キャップなどの使い方により写り方が違うことに気付くよう、試す場を作って促す。 ●スチレン版画では、面での表現と線での表現の両方が楽しめるよさを生かし、子どもたちの工夫につながるように働きかける。 ●写ることへの期待を子どもと一緒に共感し、満足感や次の活動への意欲につなげる。 ●刷りあがりは周りの子どもにも声をかけ、互いに認め合える場作りを工夫し、満足感へとつなげる。 ●1枚の和紙に一緒に写すことでイメージが共有化されて共通のテーマが生まれるので、友達と一緒に完成する喜びが味わえるように助言する。
ふり返り・評価	●自分たちがイメージしたことが上手く表現できたり、上手くいかなかったことを工夫してやり直したりするなど、友達と協力し、試行錯誤を繰り返しながら遊びを楽しむことができ、より満足感につながった。また、それぞれに考えたことをつなぐことによりイメージが共有化され、版画遊びをより楽しむことができた。		

遊びの展開

1 スチレン板に描いたり写したりする

「絵の具を付けなくても版の上に和紙を置いてコンテで写すこともできるよ」

コンテで写し取ったり絵の具で刷ったりして楽しく遊ぶ中で、「もっとこうしたい！」と思いが広がる。

2 いろいろな形に切ったりつなげたりする

自分の版を友達の作品とつなげて刷ってもよいことを伝える。

いろいろな形に切ってつなげたり、スチレン板を洗ってまた作り直したりする。

3 イメージを広げる

海賊船や潜水艦など、友達のイメージも取り入れ、繰り返し取り組む。どんどん楽しい作品になる。

4 それぞれに描いた絵をつなげる

たかめあい

ショッピングモールみたい！

それぞれの作品をつなげて刷ると大きなショッピングモールのようになった。こういった意外性や感動を伝えられるように紙の大きさや刷り方を工夫する。

4〜5人がそれぞれに楽しく描いた絵をつなげると、より楽しい遊びになる。ドーナツ屋さんやアイスクリーム屋さんもでき、喜ぶ姿が見られる。

幼児期の終わりまでに育ってほしい姿

●面白そうと感じたことに意欲的に取り組み、自分が考えたことや発見したことを友達と一緒に楽しむ。

●版の大きさと紙の大きさを合わせて考えたり、レイアウトを考えてつなげるなど、分かったことを生かしながら工夫する。
●上手く写らなかったところをもう一度やり直したり、写りを確かめながら期待して取り組む。
●どのように写るか予想しながら取り組む。

●友達と一緒にすることを楽しんだり、友達が期待していることに関心をもち、共に喜んだりする。
●同じ目的に向かって、力を合わせたり役割を分担したりしながら取り組む。
●一緒にしたからこそできた喜びを分かち合い、自信をもつ。

●自分たちが楽しんで作ったものや友達が工夫して作ったもの、互いのしていることやよさを認め合う。
●遊びの道具を用途に合わせて適切に使ったり、片付けたりするなど大切に使う。

展開・応用

何度でも同じものを写せることが版画遊びの面白さであり特長です。5歳児にもなると版画の用具も自分たちで扱えるようになりますので、はがき大のスチレン板を用意しておくなど、自分たちで気軽に遊びに取り入れられる環境の構成が大切になります。

カエルと遊ぼう

スチレン版画は鉛筆で描いても簡単に写せるので幼児期の版画遊びとしても楽しめます。

手袋

スチレン版画は線と面、どちらの表現も楽しむことができ、扱いやすいのが特長です。

人魚と魚

版画からさらにイメージを広げて表現を楽しみました。ローラー遊びの技法も取り入れています。

チンアナゴと一緒に泳ぐ

繰り返し写すことによってイメージが広がり、サインペンも併用することで表現がより豊かになります。

つくる遊びの材料・用具

はさみ

特徴
- 1回切り・2回切り・止め切り・ジグザグ切りなど、段階的に使い方を習得することで表現の幅が広がり、手の操作性が育つ。
- 渡し方など、安全な扱い方の指導が必要。

教育的価値
- 手先の操作性が身に付く。
- 発達とともにいろいろな切り方を楽しむ。
- 切ることで、多様な表現ができる。
- 扱い方などを知り、安全性に気を付ける力が育つ。

のり
でんぷんのり

特徴
- 紙同士の接着に向く。
- 適量を手に取り、薄く伸ばして使用する。
- 手拭きタオルを用意し、のりが手に付いたときに拭くよう指導が必要。

教育的価値
- 薄く伸ばして使えるので、簡単に接着できる。
- 乾くまで待つことで、我慢することの大切さを学ぶ。
- 手を拭くなど、躾として必要なことを身に付けることができる。

ボンド
多用途接着剤

特徴
- 様々な素材を接着することができる。
- でんぷんのりでは接着できないものに使用する。
- 釘打ち遊びの釘では打てない細かいところなど、補助的な使用にも向く。

教育的価値
- 多様な素材の接着が可能で、材料の選択の幅が広がり、工夫して表現することができる。
- 手を汚さず、簡単に接着できるので、親しみやすい。

セロハンテープ

特徴
- 乾かす時間が要らず、手軽に接着できる。
- 接着力が強くなく、接着後にも乾燥しないので貼ったり剥がしたりのやり直しがしやすい。

教育的価値
- 簡単に接着できるので、思いがすぐに表現できる。
- ほぼ何にでも接着できるので、いろいろな材料を組み合わせて表現できる。

紙の素材
紙皿・紙コップ・牛乳パックなど

特徴
- 並べる・積み上げる・重ねるなどの遊びができ、大きさや形、数や量などの感覚が育つ。
- 安全で扱いやすく、子どもがはさみで切ったりのりで貼ったりを自分でしやすい。

教育的価値
- 組み合わせが自由にでき、構成力を養うことができる。
- 見立て活動やイメージを広げることができる。
- 自由に作り変えることができ、創意工夫ができる。
- 紙皿や紙コップなど、身近な素材で、親しみやすく扱いやすい。

プラスチックの素材
ペットボトル・プラスチック容器など

特徴
- 透明で、中身が見えたり光が通ったりする。
- 軽くて丈夫で、物の出し入れがしやすい。
- 事前に保育者の加工が必要。
- 手が切れないように切り口の安全性に配慮することが必要。

教育的価値
- 透明感があり、美しい。
- 身近な素材で親しみやすい。
- 透明感や形からイメージが広がりやすい。
- マーカー（油性・水性顔料）などで描くと発色が美しい。

袋

特徴
- かぶって衣装に見立てやすく、ごっこ遊びに入り込みやすい。
- はさみやセロハンテープ、マーカーなどを使って製作することができる。

教育的価値
- 身近な素材で簡単に作ることができる。（凧・人形・衣装など）
- 作るものにより形や大きさ、色が選べる。
- マーカー（油性・水性顔料）で描いたり、紙や落ち葉を貼ったりすることができ、イメージが広がりやすい。
- すぐに身に着けることができ、作ったものを使う喜びが味わえる。

自然物
木片・木の実など

特徴
- 釘打ち遊びなど、道具を使った製作の経験ができる。
- 自然物独特の香りや感触がある。
- まったく同じ形や色のものがなく、造形性が高い。

教育的価値
- 金槌や釘、のこぎりなどの道具を使い、繰り返し体験することで、手先の巧緻性や根気強さを養うことができる。
- 木の香りや肌触りなど、感覚を刺激する。
- 作る目的に応じて、木の大きさを変え、ウサギ小屋など本物が作れる。
- 友達や地域の方々の協力を必要とする。

毛糸

特徴
- 紐よりも太く、扱いやすい。
- 手触りがやわらかく、温かみがある。
- 巻く・切る・貼ることの他に、編んだり染めたりもできる。

教育的価値
- 多様な色があり、美しい。
- やわらかい感触を楽しむことができる

つくる遊び

3歳児 6月

箱でつくる
積んだり並べたり楽しいね

主な材料・用具
- 空き箱（小箱）

子どものいまの姿	・園生活のリズムも整い、したい遊びに自ら取り組もうとする姿が見られる。 ・「自分で○○する」「自分で○○できた！」が嬉しく、物にじっくり関われるようになる。
題材と生活のつながり	・空き箱は子どもたちにとって身近な素材であり、いつでも手に取ることができる。 ・いろいろな形や大きさ、色のものがあり、見立てがしやすい。

こんな遊びが生まれるよ

「いっぱい並べていこう」

箱の大きさ・形の違いを感じながら箱でコースを作る。

「大きな箱の中に小さな箱をいっぱい入れよう！」

「ぴったり入ったよ。もっと詰めよう」

「ティッシュの箱でギターができたよ。音楽に合わせてぽろんぽろん……気分はギタリスト！」

「並べたり置いたりしていたらマシーンに見えてきたよ」

であい

「これはゴミ収集車。だんだん本物みたいになってきたよ」

教材の教育的価値

空き箱は生活の中にあり、いつも身近にある素材である。いろんな形があり、子どもが自分で扱うことができ、抵抗感なく扱える。形や大きさの違いを感じながらそれを生かして遊ぶことができる。

育ちの方向性（指導案）

保育者の願い

ねらい

学びに向かう力、人間性等
箱に興味をもち、積んだり並べたりしながら取り組む。面白いと思ったことを何度も繰り返し楽しむ。

積んだり並べたりしながら様々な組み合わせを楽しむ。
知識及び技能の基礎

できていくものにイメージをもち、「○○みたい」と見立てを楽しむ。
思考力、判断力、表現力等の基礎

ねらいを達成するために…→

内容

自分の好きな箱を見つけて集める。
空き箱を並べたり、積んだり、重ねたりして遊ぶ。

いろいろな置き方や並べ方、組み合わせ方を楽しむ。

高く積んだり、倒れたりする変化を楽しむ。
並べては壊し、繰り返し楽しむ。
友達のしていることを見たり真似たりする。

時間	環境の構成	予想される子どもの姿	保育者の援助・留意点
9：40 9：50 10：20	●いろいろな形や大きさの空き箱をかごなどに入れ、すぐ手の届くところに置いておく。 ●3歳児にとって握りやすく、角がしっかりしていて立てたり積んだりしやすい大きさの箱を用意する。（化粧品の箱・石鹸の箱・薬の箱・ティッシュの箱など） ●人数に応じた広さに配慮する。 ●床スペースを広く使えるようにする。 ●友達のしていることがよく見え、やりたいと思ったときに仲間入りできるような場にする。 ●準備に使った元のかごを目に入るところに置き、自分で片付けられるようにする。 **環境のポイント** ●子どもが興味をもって扱いやすいよう、キャラクターもの・色のはっきりしたもの・化粧品の箱・積みやすく壊れにくい箱・筒状の箱などを用意する。 ●子どもが扱いやすい大きさ（ティッシュの箱ぐらいまで）のものにする。	●いろいろな形の箱を集める。 ●手にした箱を1つ持って大事に置いたり倒したりする。他の箱にも興味をもち、いくつかの箱で遊ぶ。 ●立てる・横にする・積む・並べるなどする。 ●積んだり倒れたりすることを楽しむ。 ●「車みたい」と見立てて走らせたり、「おうちだよ」と積んだりする。 ●箱の中に小箱をいっぱい入れたり出したりする。 ●かごの中に箱を入れて片付ける。	●箱を取って見せ、いろんな形があることを知らせる。 ●まっすぐに置いたり倒したりして見せ、箱で遊ぼうと誘いかける。 ●積んだり並べたりして見せることで遊びだしを支える。 ●形を変えたり積んだり並べたりする姿を認め、「長くなったね」「高くなってきたよ」など、変化を言葉にして伝えていく。 ●形が変わっていく面白さに共感する。 ●「わぁ、壊れたね！またやってみようか」と、やり直しの面白さを知らせていく。 ●「○○みたい」など、見立てを引き出し、イメージをもって遊べるようにする。 ●みんなで一緒に元のかごに入れるよう促す。
ふり返り・評価	●自分の手で扱え、変化を楽しめるので、並べては壊し、また違う並べ方をするなどしながら、箱だけでじっくりと集中して遊んだ。 ●接着せず、自分でどんどん変化させて繰り返し遊べるので、3歳のこの時期にふさわしい遊びであると実感できた。		

遊びの展開

1 箱を選ぶ・集める

「箱がいっぱいあるよ。どれにしようかな」

ふれあい

「箱が立ったよ。並べていこう」

 箱は選びやすいよう、かごなどに入れて準備する。

2 選んだ箱で遊ぶ

たかめあい

「一緒にしよう。見ていてね」

「だんだん高くなってきた。倒れそうでドキドキするな」

 並べる・積むなどの遊びが生まれる。何回も壊してはやり直すことが面白さである。

 「高くなったね」「もっと積めるかな」と箱遊びを一緒に楽しみ共感する。

3 見立てて遊ぶ

「つなげていこう。どこまで行けるかな」

「これは車だよ。動かしてみよう」

 作っていくうちに見立て遊びが始まる。

 「どこまで行きますか？乗せてください」と見立て行動が豊かになるように働きかける。

幼児期の終わりまでに育ってほしい姿

自立心

●自分で箱を選び、思いのままに箱を並べたり積んだりして楽しむ。
●壊れてもやり直すことができることを知る。

思考力の芽生え / 数量や図形、標識や文字などへの関心・感覚

●長くつなげたり高く積んだりしながら長さや高さの変化を楽しむ。
●「こうしたらどうなるかな？」とワクワクしながら自分で試す。
●倒れないようにするにはどうしたらよいか、積み方や置き方を考える。

豊かな感性と表現

●箱の形や色から「○○みたい」と見立てを楽しむ。
●いろいろな置き方や並べ方、組み合わせを楽しむ。

言葉による伝え合い / 社会生活との関わり

●見立てたりイメージしたこと、気付いたことを言葉で伝えようとする。
●友達のしていることに興味をもち、側で見たり、真似て自分もやってみたりする。

展開・応用

箱だけでなく、筒やカップなど、種類を増やしていくと見立てや作りたいもののイメージが広がります。セロハンテープがあると手軽に接着でき、作りたいものが明確になっていきます。セロハンテープは扱い方の指導が必要です。

製作コーナー

製作コーナーが常設されていると好きなときにいつでも遊べます。大きさや形で分類し、使いやすくしておきます。

囲める場

友達と一緒に作る場を設定することにより、たくさんの刺激を受け、工夫が生まれます。

鑑賞

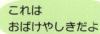
これはおばけやしきだよ

できたものを並べる場があると続きができたり友達の作品を見たりでき、鑑賞の場となります。

つくる遊び

3歳児　10月

紙コップ・紙皿でつくる
パクパク人形であそぼう

主な材料・用具
- 紙コップ　● 紙皿　● はさみ
- セロハンテープ　● ステープラー
- サインペン　● 色画用紙

子どものいまの姿
- 友達と同じものを持ったり、言葉のやりとりをすることを楽しみながら遊ぶ姿が見られるようになってくる。
- 遊びの中で見つけたものを並べたり、容器に入れたりすることを楽しむ。

題材と生活のつながり
- 紙コップや紙皿は扱いやすく、この時期の子どもたちが楽しんでいる、並べる・積む・重ねるなどの遊びを十分に経験することができる。

こんな遊びが生まれるよ

「並べたり積んだり楽しいね！」

「紙皿でペンギンができたよ」

であい

たくさんの紙コップを使って並べたり積んだりする遊びでは、長くなったり高くなったりと構成する力が育つ。

ふれあい

「おいしいご飯食べてね」

親子活動で作ったクリスマスベル・カスタネット・ピョンピョン人形。人形は輪ゴムと乾電池をバネにして動く。

教材の教育的価値

紙コップ・紙皿は同じ形のものをいくつも揃えることができるので、並べる・積む・重ねるなどの遊びを楽しむことができる。大きさ・形・数量などの感覚も育ち、3歳児ならではの見立て遊びも楽しむことができる。

育ちの方向性（指導案）

保育者の願い

ねらい

学びに向かう力、人間性等
遊びの中で友達や保育者とのやりとりを楽しむ。友達と同じものを持って遊ぶことを楽しむ。

ねらいを達成するために…

- 自分の思いや見立てたことを保育者に伝えたり、一緒に遊んだりする。
- 見立てやつもりを楽しみながら遊ぶ。
- 材料を分け合ったり、一緒に使ったりする。

- 紙コップや紙皿を使って遊ぶことを楽しむ。
- 並べたり重ねたりして遊ぶ中で、形や大きさに関心をもつ。

- 保育者や友達と簡単なイメージを共有して遊ぶ。
- 自分のイメージや、つくりたいものを保育者に伝えたり、一緒につくったりする。

並べる・重ねる・付けるなどを繰り返し楽しむ。
知識及び技能の基礎

自分なりのつもりを言葉で表しながら遊ぶことを楽しむ。イメージを広げて遊んだり表したりすることを楽しむ。
思考力、判断力、表現力等の基礎

時間	環境の構成	予想される子どもの姿	保育者の援助・留意点
10：00 10：15 10：25 10：40	●画用紙やシールなどの補助材料を用意し、イメージに合わせて作ることが楽しめるようにしておく。 ●並べたり積んだりすることが楽しめるように、場を広くしておく。 ●動物人形が作れるように、紙コップを2個用意する。色の付いた紙コップでもよい。 ●紙コップをくっつけるテープなどを用意する。 ●机を用意する。 ●作ったもので見立て遊びを楽しむことができるように、ごちそうに見立てられる素材（紙を切ったもの・木の実など）を用意する。 **環境のポイント** ●人数に合わせて十分な量の紙コップや紙皿を用意しておく。（1人10個以上） ●すぐにできて遊ぶことが楽しめるように、補助材料を付ける際にはセロハンテープやステープラーを用いる。	●紙コップを積んだり並べたりして遊ぶ。 ●友達と一緒に積んだり並べたりする。 ●できたことやしていることを周りの友達や保育者に伝えながら遊ぶ。 ●紙コップをつなげたものからイメージをもち、動物などを作る。 ●作ったものでやりとりを楽しんだり、ご飯に見立てた様々な素材を食べさせたりして遊ぶ。 ●作ったものや使ったものを片付ける。	●子どもたちが楽しんでいることに共感し、一緒に楽しみながら遊ぶ。 ●子どもたちがしていることや作ったものから、高さや長さに関心がもてるように働きかける。 ●していることやできたことを認めるとともに、できたものから見立てるなどして楽しむ。 ●子どもの力量でできないところは補助しながら、作る楽しさを感じられるように関わる。 ●保育者も同じものを作り、一緒にやりとりを楽しみながら遊ぶ。 ●一人一人が作ったものやイメージを大切にしながら一緒に遊ぶ。 ●大量の紙コップや紙皿を使って遊ぶが、大切に扱うように働きかける。 ●紙コップと紙皿に分けて片付けるよう促す。
ふり返り・評価	●たくさんの紙コップ（25名・300個）を使うことで並べたり積んだりを十分に楽しむことができた。いろいろな積み方を工夫したり、並べたコップを数えたり、数や形などにも関心をもつ姿が見られた。 ●作ったものを使って友達と一緒に見立てやつもりを楽しむ姿も見られた。		

遊びの展開

1 並べたり積んだりする

「いくつ並んだかな？」

「上手く積めるかな」

 紙コップや紙皿を並べたり積んだりして遊ぶ。

 子どもと一緒に並べたり積んだりしながら自由な組み合わせを楽しむ。

2 重ねて人形に見立てる

「カップを重ねたらこんな形になったよ」

「たかめあい」

3 人形を作る

「顔を描いてみよう！紙で耳を作るよ」

 重ねた紙コップをくっつけてパクパク人形を作る。

顔を描いたり耳を付けたりする。

4 イメージを広げて遊ぶ

「ウサギちゃんができたよ」

 「ウサギさん、こんにちは」と話しかけたり、ごちそうを食べさせたりすることで、イメージが広がり、使って遊ぶようになる。

幼児期の終わりまでに育ってほしい姿

● 期待や関心をもって保育者や友達と遊ぶことを楽しむ。

● 紙コップを並べたり数えたりする。
● 大きさや形の違う紙コップや紙皿を並べたり積んだりして遊ぶ。
● 高く積めるように積み方を考えたり工夫したりする。

● 紙コップを使って自分がイメージしたり考えたりしたものを保育者と一緒に作る。
● 作ったものから見立てたことやおはなしなどを楽しみながら遊ぶ。
● 自分がしていることやしようとしていることを保育者や友達に伝えながら遊ぶ。
● 保育者や友達とのやりとりを楽しみながら遊ぶ。

● 紙コップや紙皿などの材料を友達と分け合って使ったり一緒に使ったりしながら遊ぶ。

展開・応用

紙コップや紙皿を使って様々な造形遊びを楽しむことができます。作ったものを使って、見立てやつもり遊びを楽しむ、3歳児ならではの遊びも大切にしたいものです。

ケーキを作ったよ

紙皿のケーキ

お誕生日のケーキだよ

ヘビだぞ！噛むぞ！

紙コップのヘビ

はさみを使って遊ぶのが楽しい時期なので紙コップを切って遊ぶことを楽しんでいます。

長い長いヘビだぞ

親子活動

色画用紙を手足にしています。

つくる遊び

4歳児 6月

身近な素材でつくる
くっつけて、〇〇ができたよ

主な材料・用具
- 廃材（箱・筒・カップなど）
- セロハンテープ ● はさみ
- サインペン

子どもの いまの姿	・水や砂、泥など、いろいろな素材に触れたり自分なりに試したりを繰り返す中で、見立てることを楽しむ姿が見られる。 ・セロハンテープやはさみなどの道具を使うことへの興味が高まっている。
題材と 生活の つながり	・箱やトイレットペーパーの芯は普段の生活でよく使い、子どもにとって身近なものである。

であい

こんな遊びが生まれるよ

廃材に自由に触れ、見立てる行為から切ったりつないだりして作りたいものが生まれる。

「箱に穴をあけたい！」

「ボタンはマーカーで描くことにしよう！」

「わたしは箱でかばんを作りたいな」

「箱をいっぱいつなげて一緒に長い電車を作ろう！」

ふれあい

「セロハンテープでつなげよう！」

箱や筒などの廃材は自分の作りたいものが自由に作れる身近な材料である。

「カメラを作っているの」

「支えてあげる！」

「ありがとう！」

教材の教育的価値

子どもにとって空き箱や筒などの廃材は普段から身近なものであり、扱いやすく見立てやすい材料である。

育ちの方向性（指導案）

保育者の願い

ねらい

ねらいを達成するために…

内容

学びに向かう力、人間性等
友達のしていることに興味をもち、刺激を受けたり、自分なりに取り入れたりする。

- 友達の様子に目を向ける。
- 友達のしていることを真似てみようとする。

はさみやセロハンテープを使って、自分なりの表現を楽しむ。

材料を組み合わせながらイメージを広げ、見立てることを楽しむ。

- はさみやセロハンテープの扱い方を知る。
- 切ったりくっつけたりすることを楽しみ、偶然できた形から見立てて遊ぶ。

- 自分なりに見立てながら作る。
- 材料を組み合わせながら何に見えるか、保育者や友達と話をする。

知識及び技能の基礎　　思考力、判断力、表現力等の基礎

時間	環境の構成	予想される子どもの姿	保育者の援助・留意点
10：45 10：55 11：15 11：30	●材料は多めに準備しておく。 ●材料を取りに動きやすく、友達のしていることも見えやすいように座卓を準備する。 ●セロハンテープを使いやすいよう各机に用意する。 ●画用紙やリボン、サインペンなどを子どもが必要だと感じたときに出せるよう、準備しておく。 ●車を走らせる道を作れる段ボールを準備したり、足りなくなった材料を補充したりする。 ●作ったものを置ける場所を用意する。 ●自分たちで後片付けができるよう、ゴミ箱やほうきなどを準備する。 **環境のポイント** ●子どもが扱いやすい大きさの空き箱やはさみで切ることのできるトイレットペーパーの芯などの材料を分類して準備する。	●材料を手に取りながら、イメージを膨らませ、何を作ろうか考える。 ●自分の作りたいものに必要な材料を選ぶ。 ●箱をつなげ、車や剣、カメラなどに見立てながら作る。 ●友達の作っているものを真似てみようとする。 ●自分が作りたいものに必要な材料を保育者に伝える。 ●セロハンテープを上手く貼れずに困る。 ●作ったものを友達や保育者に見せる。 ●作ったものを使って遊ぶ。 ●自分の作ったものを見て嬉しそうな表情を見せたり、友達の作ったものを見たりする。 ●後片付けをする。	●箱をつなげたり組み合わせたりすると何に見えるか、話をしながらイメージを広げられるようにする。 ●個々の表現や見立てを認める。 ●個々が作っているものを受け止めながら、他児の作っているものにも気付けるよう働きかける。 ●正しいセロハンテープの使い方など、個々に応じて指導する。 ●はさみやセロハンテープの扱い方など、個々が困っているときには手助けをする。 ●子どもたちが作ったものを使って遊びだす姿を受け止め、一緒に遊んだり、必要なものを用意したりする。 ●まだ使える材料と使えない材料を分類しながら、子どもたちと一緒に片付ける。
ふり返り・評価	●自分が作りたいものに合わせて材料を選ぶ子もいれば、材料を組み合わせていく中でイメージを広げ、自分なりに見立てることを楽しむ子もいる。 ●友達の姿に目を向け、同じようなものを作りたいと思う姿も、この時期の子どもたちにとって自然な姿であり、そのような子どもたちの思いを大切にするためにも、材料は十分な数を用意しておくことが必要である。		

遊びの展開

1 材料と出会う

「箱やトイレットペーパーの芯があるよ。何に変身するかな？」「くっつけると何に見える？」と働きかけ、イメージを膨らませて活動への意欲を高める。

> であい
> カメラができる
> パソコンも作れる
> 車になる

2 箱や筒をつなげる

> わたしも同じものが作りたいな
> カメラが見えるようにしたい
> 箱に穴をあけたい
> 人形の顔はマーカーで描こう
> 車に見える

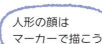

材料は使いやすいように種類ごとに分類して準備する。

自分で材料を選びながら、思い思いに組み合わせたり、友達の作っているものを見て真似て作ったりする。

「覗くと本当に見えるね」「かっこいい車だね」と個々の子どもの表現を認める。

> ふれあい

3 作ったもので遊ぶ

> かっこいいカメラができたね
> 車が走る道を作ろう
> たかめあい
> 見てみて！
> 本当に見えるね
> 撮るよ

車を走らせたり、カメラを持って散歩したりするなど、作ったものを使って遊ぶことを楽しめるようにする。

幼児期の終わりまでに育ってほしい姿

- はさみやセロハンテープを扱う。
- 材料の形や数に興味をもちながら作る。
- 材料を組み合わせながら、自分なりにイメージを広げて見立てる。

- 友達と一緒に段ボールをつなげ、車が走る道を作る。
- カメラが見えるようにするにはどうすればよいか考える。
- 友達の作っているものを見て、作り方を尋ねる。

- 友達の作っているものを見て、認める。
- 自分の作ったものを見せたり、認められたことで自信をもつ。

展開・応用

子どもたちは身近な素材である箱や筒などの廃材を使っていろいろなものを作ることを楽しみます。時期や年齢に応じて、子どもたちが扱える材料は変化します。子どもたちが表現したいと思っているものに合わせて、材料や道具を種類ごとに準備することが必要です。

乗り物作り（4歳）

箱で作った飛行機の上に、紙コップで作った自分や友達を乗せました。

人形作り（4歳）

ラップの芯を立てて2階建てにしました。

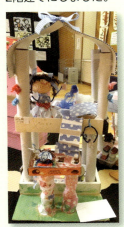

おうち作り（5歳児）

材料の種類は多く準備します。
（毛糸・布・紙・モール・リボンなど）

すごろく作り（5歳児）

友達と力を合わせて作った立体すごろく。サイコロが転がるように工夫しています。

つくる遊び

4歳児　7月

ポリ袋でつくる
ドレスでお姫様に変身！

主な材料・用具
- ポリ袋
- はさみ
- セロハンテープ
- 油性マーカー
- ビニールテープ

子どものいまの姿
- 友達と一緒に遊びたい思いが高まり、お面や衣装を身に着けてなりきって遊ぶなど、ごっこ遊びを楽しんでいる。
- はさみやセロハンテープを使う経験を重ね、それらを遊びの中で使おうとする姿が見られる。

題材と生活のつながり
- ポリ袋はかぶるだけで衣装に見立てやすく、すぐに変身して遊びだす。

こんな遊びが生まれるよ

であい
「お姫様に変身したい」と冠作りが始まった。

冠を作ろう！

似合うかな？

冠ができると「ドレスも欲しい」と衣装を作る。

いろいろな色でカラフルにしよう

いっぱい並べておしゃれにするよ

ちょっと長いかな？どうだろう

ふれあい
年長のステージごっこを見て、憧れから衣装作りが始まることもある。

教材の教育的価値

ポリ袋はカラフルで、身に着けるだけで衣装に見立てやすい材料である。セロハンテープを使い、いろいろな素材を組み合わせていくことができる。

育ちの方向性（指導案）

保育者の願い	ねらい		内容
	学びに向かう力、人間性等 遊びに必要なものを自分でつくる喜びを感じ、できた衣装を友達と一緒に身に着けて遊ぶことを楽しむ。	ねらいを達成するために… →	友達や保育者と一緒に遊びに必要なものを考え、衣装や冠などをつくる。 いろいろな材料に触れ、その特性に気付きながらつくる。 セロハンテープやはさみなどの道具を安全に気を付けて使う。 色のきれいさや形の面白さなどを感じながら、自分なりに工夫して表現する。 友達のしていることに目を向け、同じことをしようとする。

セロハンテープやはさみを使ってつくり、材料の特性に気付く。
知識及び技能の基礎

自分なりの工夫や表現をすることを楽しんだり、できた衣装を身に着けて役になりきって遊ぶことを楽しむ。
思考力、判断力、表現力等の基礎

時間	環境の構成	予想される子どもの姿	保育者の援助・留意点
9：30	● 子どもたちが選べるように何色かのポリ袋を用意し、頭と腕が通せるように切っておく。 ● ポリ袋を広げ、落ち着いて取り組めるよう画板を用意する。 ● お姫様がダンスをできるステージや音楽を用意する。 ● パーティーのイメージでやりとりができるよう、ケーキなどの必要なものを作る材料を用意する。 ● 作ったドレスを片付けられるよう、ハンガーやラックを用意する。 **環境のポイント** ● ビニールテープ・いろがみ・マーカー・お花紙・リボンなどの材料を子どもたちがイメージを広げ、自分なりに工夫して作ることができるよう、種類を分けて準備する。 ● お姫様が出てくる絵本や写真を置いておき、イメージを膨らませるようにする。	● 好きな色のポリ袋を選ぶ。 ● ポリ袋を身に着ける。 ● いろがみやお花紙をセロハンテープで付けて飾る。 ● ビニールテープの色を選び、自分なりに貼り方を考える。 ● ポケットなど、自分の洋服のことを思い出しながら作る。 ● マーカーで絵を描く。 ● 友達のしていることを、自分なりに取り入れたり、真似たりしようとする。 ● ドレスを着て、友達や保育者に見せる。 ● お姫様になりきってやりとりすることを喜ぶ。 ● 自分のドレスを片付ける。	●「どんなドレスにしたいか」など、子どもたちがドレス作りを楽しみに思えるように話す。 ● 色のきれいさや組み合わせ方の面白さなどに気付けるようにする。 ● 一人一人の表現を受け止め、工夫しているところを認める。 ● セロハンテープやはさみの使い方に困っているときには個別に関わり、使い方を知らせる。 ● 友達の作っているものにも気付けるよう、周囲の様子を知らせる。 ● 子どもたちがなりきっている姿を受け止め、一緒にやりとりを楽しむ。 ● できたドレスを着て遊んだり曲をかけて踊ったりするよう、保育者も一緒に考え、必要なものを準備したりする。 ● 片付けることで、作ったものを大切にし、次の日の遊びへの気持ちをつなげていけるようにする。
9：55 10：15			
ふり返り・評価	● ポリ袋の色や材料などを自分で選べるようにしたことで、それぞれが自分なりの表現を楽しみ、「ここにポケットを付けたの」「見て、ハートの形にしたよ」などと工夫したところを言葉で保育者や友達に知らせようとする姿が見られた。 ● 自分なりに工夫して作ったことで、ドレスへの愛着がわき、翌日からも友達と一緒にドレスを着て遊び、楽しんでいた。		

遊びの展開

1 作りたいドレスについて話す

どの色にしようかな

わたしは赤いドレスが作りたい！

2 好きな色を選ぶ

どんなドレスにしたいかを話しながら、自分の好きな色のポリ袋や材料を選べるようにする。

3 ドレスを作る

ここにポケットを付けよう

かわいいドレスができてきたよ

たかめあい

「どんなドレスにする？」と働きかけ、「ポケットを付けたい」「虹色にしたい」など、子どもたちのイメージを受け止める。個々の工夫しているところを具体的に認めることで、表現が広がり、周囲の子が友達の姿に目を向けるきっかけにもなる。

4 ドレスを着て遊ぶ

今日はパーティーだよ！

一緒に踊ろう！

作ったドレスを片付けることも大切なことである。

友達と互いのドレスを見せ合う。

お姫様になりきってパーティーをしたり、ダンスを踊ったりできるよう、ケーキや材料を用意したり、ステージや音楽を準備する。

幼児期の終わりまでに育ってほしい姿

- はさみを使い、いろがみを自分の切りたい形に切る。
- 作ったものを友達と一緒に身に着けて遊ぶ。
- セロハンテープやはさみなどの道具を安全に気を付けて使う。
- 友達の作っているものを見て、刺激を受けたり、取り入れたりする。

- いろいろな材料に触れ、選んで使う。
- 色や形に関心を寄せ、飾りの並べ方など、自分なりに考え、工夫しながら作る。

- できた衣装を友達と一緒に身に着けて遊ぶ。
- 友達に作り方を尋ねる。

- 友達の作ったものの素敵なところを認める。
- 友達に作ったものを認めてもらい自信をもつ。
- 保護者や他の子どもにダンスを見せて楽しくする。

展開・応用

衣装を身に着けるだけで子どもたちは変身することを楽しめます。自分で作った衣装は子どもたちにとって大切なものになります。

忍者ごっこ

黒い衣装で忍者に変身。

魔法使いごっこ

画用紙を丸めて帽子を作ろう！

魔法使いに変身！

ヒーローごっこ

わたしはヒーロー！

つくる遊び

4歳児　10月

自然物でつくる
木の実・木の葉でごちそうをつくったよ

主な材料・用具
- 紙粘土
- ボンド
- 自然物（木の実・木の葉など）

子どものいまの姿
- 花の種を取ったりドングリが落ち始めているのを見つけたりして、自然物に関心をもっている。

題材と生活のつながり
- ドングリやマツボックリなどの木の実は、園庭や公園など、身近な場所で見つけることができるので遊びに取り入れやすい。
- 自然物のもつ美しさは魅力的であり、形や大きさから見立てたり構成を楽しんだりしやすい。

こんな遊びが生まれるよ

であい

ドングリ見つけた！

園庭に咲いた草花や木の実などを見つけて集め、友達や保育者と一緒に種類別に分ける。

ふれあい

見つけたジュズダマを使ってネックレスができたよ

自分たちが育てたカイコのマユを使って作った森の中の人形たちが遊んでいる。

キバナコスモスでおいしそうなケーキができたよ

教材の教育的価値

自分で木の実を拾い集めることで関心が高まる。見つけたものを飾ったり分けたりすることで、美しさや不思議さに気付き、表現を楽しむことができる。

育ちの方向性（指導案）

保育者の願い	ねらい		内容

ねらいを達成するために…

学びに向かう力、人間性等
自然物をごちそうに見立てたり、形や色からイメージを広げたりして表現する。

- 自分なりの見立てやイメージを言葉にして友達や保育者に伝える。
- 木の実や種などの自然物に関心をもって見つけたり集めたりする。
- 自然物の大きさや形を見比べたり、種類別に分けたりする。
- 自然物を自分のイメージに合わせて選んだり、飾り方を工夫したりする。
- 自然物を見立てたり色や形を楽しんだりしながら構成する喜びを感じる。

身近な自然物に関心をもち、見つけたり集めたりすることを楽しんだり、遊びに取り入れたりする。
知識及び技能の基礎

木の実や種の形や大きさの違いを感じ、構成を楽しみながら工夫して表現する。
思考力、判断力、表現力等の基礎

時間	環境の構成	予想される子どもの姿	保育者の援助・留意点
10:30 11:00 11:20	●見つけた木の実や種、センニチコウや枝など色や形の異なる自然物を準備し、選んで使えるようにする。 ●紙粘土は使いやすいように分け、汚れを拭けるように、雑巾を置いておく。 ●ボンドも使えるように準備しておく。 ●友達の作っている様子を感じたり、作ったものを見たりできるよう、テーブルを囲むように配置する。自然物は中央に置き、友達と一緒に使えるようにする。 ●できあがったケーキやピザを乗せられるように、紙皿や画用紙を用意しておく。 **環境のポイント** ●自然物に親しみ関心をもって使いたくなるように、見つけたものを子どもたちが種類別に分けるようにする。 ●ケーキやピザなどの身近な食べ物をイメージしやすいように紙粘土を土台に使う。 ●ボンドはカップに分けて入れ、手が汚れないように綿棒やスプーンを使って取りやすいようにしておく。	●木の実の大きさを比べたり形の違いに気付いたりする。気付いたことを保育者や友達に伝える。 ●紙粘土を丸めたり伸ばしたりしてケーキやピザの土台を作る。 ●木の実を入れるカップを持って材料コーナーから使う木の実を選ぶ。 ●ボンドを使って選んだ木の実を紙粘土の上に並べたり飾ったりする。 ●できたケーキやピザをお皿に乗せたり並べたりし、保育者や友達に見せる。 ●できたケーキやピザを並べて、売ったり買ったり食べたりする。 ●明日も使えるように並べたりしながら場を整理する。	●見つけた木の実を一緒に見たり分けたりし、関心がもてるようにしておく。 ●自然物の大きさや形の違いに気付いて使い方を考えている様子を認め、作る楽しさや嬉しさを感じられるようにする。 ●保育者が感じたことを言葉にして伝え、見立てやイメージが広がるようにする。 ●できた嬉しさに共感したり、工夫したところを認めたりする。 ●できたケーキやピザを並べたり食べたりできるように机を準備する。 ●友達や保育者と一緒に売り買いを楽しみ、作った喜びが感じられるようにする。
ふり返り・評価	●作りながらイメージが広がり、自然物を選んで使い、自分なりに工夫していた。 ●友達の作っている様子に刺激を受けて自分も同じようにしたり、できたケーキを見せ合ったりして、友達と一緒にする楽しさを感じていた。 ●紙粘土を伸ばしたり細かいものはボンドで付けたりすることで、手先を存分に使うことができた。		

遊びの展開

1 見つけた木の実や木の葉を分類する

 見つけた自然物を見比べたりしながら色や形の違いに気付く。

 種類ごとに分けて、遊びに使うときに選びやすくしておく。(マツボックリ・クヌギ・コナラ・スダジイ・マテバシイ・小枝など)

2 紙粘土でケーキの土台を作る

 紙粘土を土台として使うように知らせる。「何が乗っているのかな?」「木の実たっぷりでおいしそう」など、イメージを膨らませながら大きさや形を考えて自然物を選び、構成を楽しめるようにする。

3 ケーキに木の実などを飾る

「葉っぱのお皿に乗せたよ」

木の実や木の葉などの自然物と紙粘土を使ってケーキやピザを作る。

ふれあい　たかめあい

「ケーキができました!おいしそうでしょう」

4 ケーキを売る

「わたしのケーキいかがですか?」

 「どんな味のケーキかな?」「いいにおいがしてきたね」など、イメージが広がるように声をかける。

幼児期の終わりまでに育ってほしい姿

自然との関わり・生命尊重

●木の実や木の葉などの自然物に触れて関心をもつ。

思考力の芽生え / **数量や図形、標識や文字などへの関心・感覚**

●見つけた木の実を数えたり、集めて容器に入れたりし、数や量を感じる。
●種類ごとに分類したり比べたりしながら、形・大きさ・種類などに関心をもつ。

豊かな感性と表現

●偶然できた形から見立てたり、自分なりのイメージをもって作ったりする。
●自分のイメージに合わせて選んだり構成したりする。
●木の実や木の葉を並べたり飾ったり、ケーキやピザを工夫して作る。

言葉による伝え合い

●自分の感じたことを言葉にしたり、ケーキやピザへの思いやイメージを保育者や友達に伝えたりする。

展開・応用

木の実を使った遊びはいろいろ工夫できます。ケーキなどのトッピングの材料や装飾する材料、ゲームなどの材料にもなります。子どもと一緒に見つけたり、自然の宝物として大切に扱うことが必要です。

スイートケーキ

カップに毛糸を巻いて木の実を乗せました。

砂と草花のケーキ

質の異なる砂と草花を組み合わせて作りました。

クリスマス飾り

マツボックリのクリスマスツリーと新聞紙のクリスマスリースを作りました。

つくる遊び

4歳児 11月

身近な素材でつくる
かわいい人形ができたよ

主な材料・用具
- 封筒
- 紙袋
- レジ袋
- 新聞紙
- 油性マーカー
- 飾り（ボタン・リボンなど）

子どものいまの姿
- 身近な素材で人形などを作る姿が見られ、それを使って友達と一緒にごっこ遊びを楽しんでいる。
- セロハンテープやボンドなどの材料を使い分けることを知ったり、目新しい材料の使い方に気付いたりしている。

題材と生活のつながり
- はさみやのりなどを自分なりに扱えるようになり、身近な材料を自由に使ったり、作ったりすることを楽しめる。

こんな遊びが生まれるよ

であい

身近にある紙や箱を自由に使って作ることを楽しんでいる。

筒に顔を描いて手は紙を切って付ければ人形になるよ

車に運転手さんが乗っているよ

作ったものを使って遊ぶ。

お散歩に行きましょう！

お母さんとお姉ちゃんと赤ちゃんもいるの！

ふれあい

人形に話しかけたり名前を付けたりするなどしてかわいがり、愛着がわいてくる。

教材の教育的価値

紙や空き箱などの身近な材料は、切ったり貼ったり並べたり、自由に操作することができ、作ったもので遊んだり必要なものを付け足したり自由に変えられる。人形は自分の分身として捉え、愛着をもって作ることができる。

育ちの方向性（指導案）

保育者の願い	ねらい		内容
	学びに向かう力、人間性等 作ったものに愛着をもち、大切に扱ったり、人形の気持ちになったりする。	ねらいを達成するために… →	・作った人形は大切に扱う。 ・自分の作っている人形のイメージ・形・大きさなど、感じたことを言葉にして伝え合う。 ・欲しい人形やイメージした人形を自分で工夫して作る。 ・イメージに合った人形をいろいろな材料から選び、材料を生かして使う。 ・立体的なものの接着の仕方やかき方の難しさに気付き、丁寧に取り組む。 ・友達や保育者のつくったものに刺激を受けながら、材料の使い方を真似たり、自分なりに工夫したりする。
	知識及び技能の基礎 貼ったりくくったり丸めたりしながら、材料のよさを生かして作りたいものを作る。	**思考力、判断力、表現力等の基礎** 自分の使いたい材料を工夫して使い、人形を作る。	

時間	環境の構成	予想される子どもの姿	保育者の援助・留意点
10:20 10:30 10:45 11:00	●「保育室に隠れている動物を見つけよう」と投げかけ、意欲がわくよう封筒で作った動物たちを置いておく。 ●人形の体を自分で作れるよう、封筒（大・小）・紙袋・レジ袋と、中に詰める新聞紙（ちぎったもの）を用意する。 ●胴体や体の部位をつなげるための材料（セロハンテープ・ボンド・輪ゴム・ひもなど）を準備する。 ●顔を描き込めるよう、マーカーを用意する。 ●飾りや服など、見立てやイメージが広がるよう、カットした色画用紙・ボタン・梵天・リボン・ストロー・毛糸などを分けて用意しておく。 ●作って遊んだ人形を大切に置ける場所を用意する。または一緒に作る。 **環境のポイント** ●封筒や袋は、扱いやすく、感触や手触りに風合いを出すため、縮めたり絞ったりしてしなやかになるように下準備をしておく。	●見つけて動物の名前を言ったり、触ったり抱っこしたりする。 ●自分も作りたいと張り切る。 ●好きなサイズや色合いの袋を選んで、新聞紙を詰めたり、膨らみを確かめたりして封をする。 ●自分で支えながら、なんとか接着しようとしたり、描こうとしたりする。 ●材料を選んで、自分なりに、手や足、耳、しっぽ、飾り、服などを付けていく。 ●友達の作っているものに刺激を受け、さらに材料を選んで、付け足したり、新たに作ったりする。	●「迷子になったの」「心配だね」など、子どもたちの発想やイメージを大切に取り上げ、保育者も語りかけながら関わる。 ●新聞を詰めるときに袋が破れたりして困っている子どもには手助けをする。 ●自分の思いが形になりにくい場合は、保育者もアイデアを提供し、一緒に考える。 ●立体的で安定しないので、1人でやりにくいことが予想されるが、自分なりに考える姿を見守りながら、必要なところだけ支えたり方法を見せたりする。 ●子どもが友達の工夫しているところなどを見たり、保育者が伝えたりしながら互いに興味をもつように働きかける。 ●愛着をもっている人形なので、気持ちを一緒に考えながら置き方や置き場所を探したり作ったりしていく。
ふり返り・評価	●大きさや感触、やわらかさなどの材質や材料の違いから、持ち方や力の入れ具合、手首の柔軟さ、丁寧さなどを意識して作っていく必要があり、「破れやすい」「こっちの方がウサギに似ている」など、気付いたり選んだり、試したりして工夫しながら作っていた。 ●できた人形は抱っこしたり遊びに使ったりしながら大切にしていた。		

遊びの展開

1 人形に興味をもつ

であい

ネコに見える！

かわいいネコが作りたい！

かわいいなぁ

ふれあい

2 袋人形を作る

新聞紙をちょっと入れてみよう

「自分も作りたいな」「どうやって作るのかな」「何で作っているの？」と興味がわく。

材料を選んだり、形を考えたりする姿を見守る。新聞紙を詰めたり、形を整えたりする際には少し手助けが必要なこともある。輪ゴムやテープ、リボンなど、自分で変形できる面白さも味わえるような補助材料の使い方を知らせることも大切である。

3 友達とやりとりしながら遊んだり さらに人形に必要なものを作っていく

目はこんなのにしたよ！

〇〇くん遊ぼうよ！

たかめあい

こんにちは！あなたは誰ですか？

耳は紙で付けよう

ベッドとお布団が要るね

顔を描いたり、手や足、耳、しっぽ、飾り、服などを付けたいとイメージを広げる。

4 できあがり

こんなのできた！

幼児期の終わりまでに育ってほしい姿

- 優しく触ったり抱っこしたり、丁寧に扱う。
- 作ったものに愛着をもち、遊びに使ったり大事に片付けたりする。

- 一緒に遊ぶ友達や人形とのやりとりを言葉や体を使って楽しむ。
- 手伝ってほしいところを保育者に伝えたり、助けを求めたりしながら自分で作ろうとする。
- 表現したことを具体的に自分の言葉で伝えようとする。
- 友達の作ったものに刺激を受けて、自分のものに取り入れる。

- 人形の大きさ・重さ・やわらかさ・形の変化に気付く。
- イメージに合った材料を選んだり、材料からイメージを広げたりする。
- 材料に合わせて、はさみや手を使って切ったり、ちぎったり、丸めたりする。
- 材料のよさを生かして使い、作りたい人形を工夫して作る。

展開・応用

いろいろな材料で人形を作ってみましょう。素材が違うことで感触や重量感も変わり、本物に近付いたり、イメージした形を表現しやすくなることもあります。何を使って作るとよいのか、自分で選んだり、探したりする表現意欲もわいてきます。また、人形を使っておはなしを考えたり演じたりすることにもつながっていく姿が見られます。

フェルト人形

おしゃれなお母さん

魔法使い

新聞紙と和紙で作った人形

【新聞紙人形の作り方】
①新聞紙を丸めて体を作り、手や足も新聞紙をねじってガムテープで付ける。
②①の体に和紙（10cm四方）を重ねて貼る。
③乾いたら絵の具で色を塗り、布やリボンなどで飾る。

もみがら人形

【もみがら人形の作り方】
①レジ袋やポリ袋にもみがらを入れる。
②耳や顔になるよう輪ゴムでくくる。
③マーカーで目や口を描いたりシールを貼ったりする。
④服を描いたり布で作ったポケットを貼ったりする。

つくる遊び

4歳児 12月

毛糸でつくる
クルクル巻いて洋服をつくろう

主な材料・用具
- 毛糸　● ロール芯　● 画用紙
- パス　● セロハンテープ
- ボンド

子どものいまの姿	・ごっこ遊びが盛んになり、なりきって遊ぶことを楽しんでいる。 ・いろいろな材料に興味をもち、自分なりに見立てたりイメージをもって作ろうとする。
題材と生活のつながり	・寒くなってきたことで、毛糸のフワフワ感や暖かい心地よさを体感している。 ・自分の人形にセーターを着せてあげたいという思いから、作りたい気持ちにつながった。

こんな遊びが生まれるよ

であい　ふれあい

木の枝に毛糸をぐるぐる巻き付けて目を付けるとミノムシのできあがり。

毛糸であやとり。

風で落ちてきた枝がかわいそう。かわいい飾りに変身させよう

雪の結晶みたい

小枝3本をゴムで固定したものに毛糸を巻き付ける。

カップに毛糸を巻いてケーキ作り。

教材の教育的価値

毛糸は紐よりも太くて扱いやすく、感触がよい。色がカラフルで太さも多様な美しい材料である。また、巻く芯材を変えるだけで、いろいろなものを作ることができる。

育ちの方向性（指導案）

| 保育者の願い | ねらい | → ねらいを達成するために… | 内容 |

ねらい

自分のつくったものに愛着をもち、友達と関わりながら目的をもって遊ぶ。

- **学びに向かう力、人間性等**

- 手先を器用に動かし、毛糸を巻くことを楽しむ。
  - **知識及び技能の基礎**

- 毛糸の色や太さからイメージを広げて見立て、つくったもので遊びながら友達とのやりとりを楽しむ。
  - **思考力、判断力、表現力等の基礎**

内容

- つくったものを使って友達や保育者と目的をもって遊ぶ。
- つくった人形に気持ちを込め、友達とのやりとりを楽しむ。

- 好きな毛糸を選び、ロール芯に巻き付ける。
- テープやボンドなど、必要な材料を選んで使う。

- 友達の作っている様子に刺激を受けたりしながら自分もやってみようとする。

時間	環境の構成	予想される子どもの姿	保育者の援助・留意点
9：30 10：00 10：30	●画用紙は顔や手足を付けたい思いが実現できるように扱いやすい大きさに切って準備しておく。顔や髪の毛をペンで描いたりするので、色が見えやすい薄い色の画用紙にする。 ●はさみやセロハンテープ、ボンドなども使いやすいように整理して置いておく。 ●何度も繰り返し楽しめるように毛糸は多めに準備しておき、必要に応じてすぐに出せるようにしておく。 ●作った人形に愛着をもち、大切にできるよう入れておく箱（ドールハウスなど）や場所を作っておき、自分たちでも作れるように空き箱や布などの材料を目につくところに置いておく。 **環境のポイント** ●ロール芯は太さ・長さを選べるようにする。 ●単色や混ざり合った色など、いろいろな色や太さの違う毛糸を扱いやすく取り出しやすいようにペットボトルで作ったケース（p.108）を用意して材料棚に置いておく。	●保育者の人形を見て作り方を知る。 ●画用紙にそれぞれ思い思いに顔を描く。 ●はさみで切り取り、ロール芯に貼る。 ●「ロール芯の人形にお洋服を着せてあげよう！」と材料を取りに行く。 ●好きな毛糸を選んで必要な長さに切る。 ●いろいろな色の服を着せようとし、選んだ毛糸をロール芯に巻き付けていく。 ●できた人形を動かしながら友達や保育者と一緒にやりとりをする。 ●人形はドールハウスなどに置く。 ●毛糸は元の位置に戻し、ボンドは固まらないようにしっかりふたを閉めて片付ける。	●あやとりをしたり、ままごとのごちそうに使ったりなど、いろいろな遊びに毛糸が使えることに気付かせる。 ●顔を付けたロール芯を動かしながら遊び、自分たちの生活と結び付けながら「なんだか寒くなってきたね。暖かいお洋服が着たいなぁ」と働きかける。 ●毛糸やロール芯を持つ位置、動かし方などに気付かせ、丁寧に巻けるように指導する。 ●巻き始めと巻き終わりの接着方法を伝える。 ●いろいろな巻き方や色の使い方などを受け止め、丁寧に認めていく。 ●保育者の作った人形を動かしながらなりきって遊び、「作りたい」「やってみたい」という表現意欲を高める。 ●人形に名前を付けて呼ぶことで、さらに愛着をもって関わることができるようにする。
ふり返り・評価	●巻き付けるだけでかわいい人形になり、筒に指を入れて動かせるので、できた後もその人形を大切にする姿が見られた。 ●毛糸の色も太さもいろいろあり、美しい作品になった。		

遊びの展開

1 導入

「毛糸でお洋服を着せてあげよう」

「寒いね。暖かいお洋服が着たいなぁ」

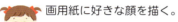画用紙に好きな顔を描く。

2ℓペットボトル　切る　輪ゴムをつけて毛糸がはさめるようにする

毛糸は扱いやすく取り出しやすいようにしておく。
（1）ペットボトルで作ったケースに入れておく。
（2）一定の長さに切った毛糸をしばり、引っぱると取れるようにぶら下げておく。

2 画用紙を切り取ってロール芯に顔を貼り付ける

「これくらいの長さでいいかな」

3 毛糸を巻く

「くるくるくるくる……」

「毛糸を巻いて、しっかり巻いて」

手先を器用に動かし、丁寧に毛糸を巻く。太い毛糸であれば経験の少ない子どもの力量でも簡単に巻くことができる。巻き終わったら最後にボンドを付けて留める。

平面に描いた顔に立体的な体を付けて動かすことができるようにし、遊びやイメージを広げる。

4 作った人形でごっこ遊びを楽しむ

「こんにちは。わたしはみーちゃん。一緒に遊ぼう」

ふれあい　たかめあい

5 片付ける

「明日また会おうね」

「人形はここに入って明日までお休みね」

人形に気持ちを寄せて片付ける。

幼児期の終わりまでに育ってほしい姿

社会生活との関わり

- 小さな人形に自分自身を重ね合わせ、生活の再現遊びを楽しむ。
- おうちの人にあやとりの仕方などを教えてもらい、園でもやってみる。
- 家から不要な毛糸を持ってきて友達と一緒に使う。

豊かな感性と表現

- 毛糸に興味をもち、作ることを楽しむ。
- 毛糸の色や太さを選んで使い、感触を楽しむ。
- 毛糸の色から受けるイメージを広げる。
- できた人形から毛糸の色の美しさを感じる。

数量や図形、標識や文字などへの関心・感覚 / **健康な心と体**

- 人形に巻く毛糸の回数や長さに関心をもつ。
- 手先を動かして編んだり、腕を大きく動かして巻いたりする。

協同性 / **言葉による伝え合い**

- 人形を使って保育者や友達とのやりとりを楽しむ。
- 作った人形を生かしておはなし作りを楽しむ。
- 友達の人形に興味をもつ。

展開・応用

生活の中で毛糸で編み物をすることが少なくなってきましたが、子どもにとって毛糸は感触もよく多色で美しく、編んで変化させることができる楽しい材料です。また、作ったものを身に着けて楽しむことができます。手作りの編み物機なども作り、発達にふさわしい内容を工夫してみましょう。

毛糸で編み物

切る／折り返してテープでとめる／短く切った割り箸／ガムテープ

牛乳パックやテープの芯などで簡単に編み物機が作れます。

手編みをするときには翌日にも続きを楽しめるよう、自分の手形の厚紙を用意して毛糸をかけておくと便利です。

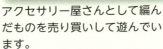
アクセサリー屋さんとして編んだものを売り買いして遊んでいます。

毛糸の染め物

ネズミモチの実
トレニア
マリーゴールド
赤紫蘇

マリーゴールド・サルビア・トレニア・玉ねぎの皮・赤紫蘇など、園内にある草花で毛糸を好きな色に染めてみましょう。紙や布も染めることができます。

つくる遊び

5歳児 5月

ペットボトルでつくる
キラキラ光って素敵だね

主な材料・用具
- ペットボトル
- マーカー
- カラーチューブ
- セロハンテープ
- セロハン
- モール

子どものいまの姿
- 「〇〇みたい」と見立てたことを友達とやりとりしながら遊び方のイメージを膨らませている。
- 周りにいる友達や保育者の言葉によって、自分もイメージがもてたり、ヒントを得て思いを広げたりして遊びだす姿がある。

題材と生活のつながり
- 水遊びや色水作りで、中身が透ける面白さ、水を入れるとキラキラする美しさなど、ペットボトルそのもので遊ぶことを楽しんでいる。
- 廃材や新聞紙など、いろいろな材料を使って自分なりに作ることを楽しんできた。

こんな遊びが生まれるよ

- いろんな形があるね
- であい
- ふれあい
- 叩くといい音が鳴るよ
- 覗くと不思議な世界が見える！
- 倒れる〜！
- こっちを持っているね
- 四角いペットボトルがいいよ
- 上は小さいやつにしよう！

いろいろな大きさ・硬さのペットボトルを用意し、ペットボトルそのもので遊ぶ。

積んだり重ねたり構成遊び。素材感を楽しめるように子どもの見立てやイメージを積極的に認めることで、互いに刺激し合って遊ぶことを楽しめるようにする。

分類遊びでいろいろな形や大きさがあることに興味をもつ。

カラーチューブを中に入れて遊園地作り。

- きれいだね

教材の教育的価値

透明で中身が透ける面白さ、光を通した美しさが感じられ、イメージや構成力が養える。セロハンを貼ったりマーカーで描いたりすることで変化する楽しさを感じることができる。

育ちの方向性（指導案）

保育者の願い

ねらい　　　ねらいを達成　　**内容**
　　　　　　　するために…

学びに向かう力、人間性等

ペットボトルを重ねたり並べたりして、素材のよさを生かしてつくることを楽しむ。

- ペットボトルに存分に触れて、音を出したり並べたりしながら遊ぶ。
- ペットボトルに色水やビー玉などを入れて、透明感や色の変化、美しさを楽しむ。
- 形の異なるペットボトルを組み合わせて遊ぶ。
- 友達と一緒にイメージを広げたり工夫したりしながら協力してつくる。

ペットボトルに色を塗ったり、セロハンを貼ったりすることで、色の変化や美しさを感じる。

知識及び技能の基礎

形を変えたり組み合わせたりしたペットボトルからイメージを広げて自分のつくりたいものをつくる。

思考力、判断力、表現力等の基礎

時間	環境の構成	予想される子どもの姿	保育者の援助・留意点
9：30 9：50 10：20	● 積んだり並べたりを楽しめるように床で製作を始め、必要になればテーブルを用意できるようにしておく。 ● 様々な種類（大きさ・形・硬さ）のペットボトルを準備する。 ● 見立てたり組み合わせたりが十分楽しめるように、遊びの様子や必要に応じて補助材料（セロハン・モール・スポンジなど）を出していく。 ● 素材が生きるようなマーカーやセロハンを用意する。 ● 作ったものを互いに見せ合えるように、展示する場を作っておく。 ● 作ったものは、ペットボトルが映えるような発色のよいスチレンボードに置いたり、光が当たるような場に飾ったりする。 **環境のポイント** ● ペットボトルをいろいろな形に加工しておき、見立てたり組み合わせたりして、イメージをもてるようにしておく。	● 「○○に見える！」「透明だから海にも行けるロケットにしよう」「一緒にお城にしようよ」など、ペットボトルの形から見立てて遊ぶ。 ● ペットボトルから受けたイメージで、ペットボトルを積んだり組み立てたりする。 ● 作りたいものを組み合わせて友達と話しながら作る。 ● 色を塗ったりセロハンを貼ったりして遊ぶ。 ● 作ったものを動かしたり飾ったりしながら工夫したところを話し合う。 ● 分類しながら片付ける。	● 周りの友達の様子を知らせたり、保育者自身も手に取り見立てて遊ぶことを楽しみながら、イメージがもてるように関わる。 ● 固定する方法を知らせ、作っていきやすいように援助する。 ● イメージに合わせて色付けることでより本物らしくなることを知らせながら、セロハンやマーカーの存在に気付かせる。 ● ペットボトルの硬さややわらかさ、けがをしないように配慮する。 ● 「こうしたい」という思いに合わせて、必要な材料・用具を一緒に考えながら、自分で選んで使えるように支援する。 ● 子どものイメージや思いを受け止めながら、具体的に認めたり、疑問を投げかけていくことで、楽しんで作れるようにする。
ふり返り・評価	● セロハンの色やマーカーの質、光との関係の中で美しく感じられるように展示するなどしたことで、いろいろな気付きが生まれ、ペットボトルの素材のよさや美しさが感じられた。 ● そのままの形のペットボトルだけでは豊かな発想が生まれなかったが、いろいろな加工をしたことによって、子どものイメージが広がった。		

遊びの展開

1 見立てを楽しみイメージを広げる

「ぼくもやりたい！教えて」

「見て！いいこと考えた！」

「できたら後で一緒に飛ばそうよ！」

組み合わせて遊ぶ中で、思い付いたことやイメージを具体的に言葉で引き出し、遊びの方向性がもてるようにする。

ペットボトルは斜めや縦に切断する・断面に複数切り込みを入れて花のように開く・コの字型に切り込みを入れて窓のように開くなど、加工したものを準備する。

2 ペットボトルの素材感を生かす

「ペンで描いたらきれい！」

「セロハンは虹の世界みたい！」

マーカーで描いたりセロハンを貼り付けたりすることで、透明の色彩を楽しめるようにする。

3 友達と関わり合いながら作ったり遊んだりすることを楽しむ

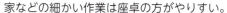

「ここを氷の滑り台したら面白そう」

「持っていてあげるからテープを貼ってみて」

家などの細かい作業は座卓の方がやりすい。

個々に作っているものを具体的に認めることで互いのしていることに興味をもったり刺激になる。友達の様子を知らせることで、よりイメージを広げ、工夫して遊ぶ姿につながった。

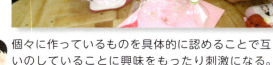

たかめあい

イヌとタコ

きれいなお花

幼児期の終わりまでに育ってほしい姿

豊かな感性と表現

- ペットボトルに色を塗ったり貼ったりすることで、色の変化や美しさを感じる。
- ペットボトルのいろいろな形や大きさを生かして見立てたり組み合わせたりする。
- ペットボトルからイメージしたものを工夫して作る。

言葉による伝え合い／協同性／社会生活との関わり

- 友達と協力しながら作り、共通のイメージをもったり工夫したりする。
- 自分の作りたいイメージを言葉で伝える。
- 友達の話を聞いて自分なりのイメージを広げる。

思考力の芽生え／自立心／数量や図形、標識や文字などへの関心・感覚

- ペットボトルを重ねたり、色を塗ったりして素材のよさを生かして作ることを楽しむ。
- 様々な形のペットボトルに関心をもち、遊びに生かす。

健康な心と体

- できたものに対して満足感を覚える。
- ペットボトルを使った遊びを存分に楽しむ。
- 自分が作ったことに満足したり保育者や友達から認められることに喜びを感じる。

展開・応用

ペットボトルは身近な素材で、容器として工夫して活用されていますが、光が当たると美しく感じます。このような素材の特性を生かすことで、面白い表現が生まれます。

オブジェ

穴のあるペットボトルだけを通していくと面白いオブジェになりました。天井からぶら下げるとクルクル回って美しいです。

飛行機

海に行ける飛行機！

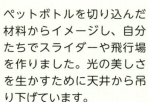

ペットボトルを切り込んだ材料からイメージし、自分たちでスライダーや飛行場を作りました。光の美しさを生かすために天井から吊り下げています。

風鈴

ペットボトルを切ったものにボタン・鈴などを吊り下げて作りました。音色と光の美しさ、夏らしい雰囲気が味わえます。

つくる遊び

牛乳パックでつくる
並べてつくって変身したよ

5歳児　6月

主な材料・用具
- 牛乳パック
- ステープラー
- はさみ
- セロハンテープ

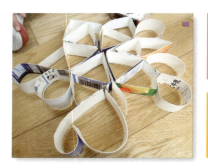

子どものいまの姿
- 自分でしたい遊びを見つけて取り組もうとする。
- 経験してきた技法を使って、自分で考えたり工夫したりすることを楽しみ、何度も繰り返しやってみようとする。

題材と生活のつながり
- 日頃から身近にある牛乳パックなので抵抗感なく取り組める。
- 形が決まっていること、たくさんあることから、「工夫したい」「扱ってみたい」という意欲がもてる。

こんな遊びが生まれるよ

切ったりつなげたりくっつけたりして形がどんどん変化していくよ

つなげてみよう

どんどん長くなるよ。どこまで行けるかな

四角・三角・丸などのいろいろな形をどんどんつなげて面白い形ができていく。

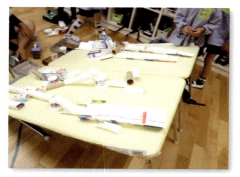

牛乳パックを長く切ったり、トンネルにしたりして、ドングリやビー玉を転がして遊ぶコースを作った。

箱製作で恐竜の足に使ったよ

であい

教材の教育的価値

牛乳パックは身近にある材料で、たくさん集めることができる。形が揃っているため、つなげたり重ねたりして使え、切り方によって様々な用途に使える。また、水にも強いので水遊びでも使うことができる。

育ちの方向性（指導案）

保育者の願い	ねらい		内容

ねらいを達成するために…

学びに向かう力、人間性等
同じ形のものを組み合わせ、いろいろなものを作る楽しさを味わう。

- 友達のアイデアを取り入れたり新しい方法を一緒に考えたりする。
- ステープラーやセロハンテープを使って接着しながら、偶然の形からイメージを広げてつくる。
- 牛乳パックを組み合わせたり並べたりして、形の変化を楽しんだり美しさに気付いたりする。
- 自由に形の変化を楽しみ、イメージしたものを工夫してつくる。

組み合わせる・つなげる・くっつけるなど、イメージを広げながら構成する楽しさを味わう。
知識及び技能の基礎

自分のつくりたいものやイメージしたものを工夫してつくったり形の美しさに気付いたりする。
思考力、判断力、表現力等の基礎

時間	環境の構成	予想される子どもの姿	保育者の援助・留意点
10：30	●同じ形に切った牛乳パックをたくさん分類して準備しておく。 ●かごなどに入れ、取りやすいように何か所かに分けて置いておく。 ●広く場所を使えるように床で活動する。 ●ステープラー・セロハンテープなどの補助材料はすぐ使えるように側に置いておく。 ●足りなくなったら補充ができるように余分に用意する。 ●片付けは元の箱に入れるように促す。 ●作ったものやできたものを友達同士で見せ合えるように置いたり、身に着けたものを友達に見せたりできるようにする。 **環境のポイント** ●牛乳パックはそのままでは扱いにくいため、切りやすい大きさや形にして準備しておく。 ●並べる・つなげるなどの構成遊びを楽しむために、切った牛乳パックをたくさん準備する。	●たくさんの牛乳パックに触れ、並べる・積む・つなげるなどする。 ●作りたいものができてきたらセロハンテープでくっつけて形を作る。 ●「○○みたいになってきた」など変化させる。 ●友達のしていることを見て真似たり、ヒントにしたりして遊び方を変える。 ●身に着けて変身する。 ●必要に応じてステープラーも使う。 ●できたものを見せ合ったり、作ったものを並べたりして友達の思いや考えを知る。 ●使った牛乳パック・セロハンテープ・ステープラーを元に戻して片付ける。	●たくさん使ってよいことを伝え、まずは牛乳パックに触れてみる時間を保障する。 ●それぞれが始めていく姿を見守り、それぞれのやり始めを認め、何を作ってもよいということを伝えていく。 ●牛乳パックを使って変身しようと声をかけ、身に着けたり体に貼ったりできることを伝える。 ●「○○みたい」「○○が作りたい」という思いに共感し、「面白いことを考えたね。やってみよう」など声をかけ、その子のペースで遊べるように支える。 ●「ねぇ、見て見て！」に応えたり、「こうしてみれば？」など、新しいアイデアも提示していく。 ●「○○を作っているんだね」などの声をかけ、一人一人を認めていくとともに、他の子どもにも友達のしていることを知らせていく。 ●できたものや考えたものを紹介し合える場をもち、それぞれのアイデアを認め合えるようにする。
11：20			
11：40			
ふり返り・評価	●友達の真似をしたりヒントにしたりしながら、自分の作りたいもののイメージを広げ、集中・没頭する姿があった。 ●身に着けて変身することを楽しむなど、工夫や発想の広がりが見られた。 ●ステープラーを使うことで作るものの可能性が広がる。日常的に使いこなせるように今後も指導していきたい。		

遊びの展開

1 並べる・積む・長さや高さを比べるなど自由に遊ぶ

「たくさんあるね。何を作ろうかな」

ふれあい

「並べてみよう」

「何に見えるかな？」

いくつかの箱に入れて置き、そこから必要なだけ使っていくようにする。

2 友達のしていることを見る

「重ねたら手裏剣みたいになったよ」

「立ててみよう。トンネルにできる」

「面白い考えだね」

たかめあい

「いいこと考えた！飛ばして的当てにして遊ぼう！」

友達のしていることを知らせる。

ヒントを得たり、真似たり、友達のしていることを認めたりする。

3 アイデアを広げて変身して遊ぶ

誰かが始めた身に着ける発想からヒントを得て遊びのアイデアを広げる。

「素敵な冠だね」

幼児期の終わりまでに育ってほしい姿

- はさみ・ステープラーなど、必要に応じて用具を使い分ける。
- 工夫して作ったもので変身して楽しみ、自信をもつ。

- 同じ形がたくさんあることから並べたり組み合わせたりすることを楽しむ。
- 作りたいものの目的をもち、工夫する。
- 形の変化や美しさに気付く。

- 形の特徴を生かして組み合わせたり、くっつけたりして形を作っていく。

- 自分のしていることを友達や保育者に伝え、考えややり方を聞いて自分も取り入れてみようとする。

- 友達のしていることから刺激を受けたり認めたりする。

展開・応用

牛乳パックは身近でどの家庭でも出てくる、集めやすい廃材の一つです。形も決まっており丈夫で水を通さないため、様々な用途に使えます。遊びで使う材料として、また保育者の教材準備や環境作りにも役立ちます。

人形

胴体部分に牛乳パックを使いました。紙や布を貼ると素敵な洋服になります。

ロボット・恐竜

ドングリ転がしゲーム

縦に切ったり、横に切ったりしたものをテーブルに貼り、コースを作って遊びました。

タワー

手裏剣

つくる遊び

5歳児 7月

木片でつくる
乗ってみたい船をつくろう

主な材料・用具
- 木片
- ボンド
- マーカー
- 釘
- 金槌
- 素材（毛糸・モール・ビーズなど）

子どものいまの姿
- イメージしたことを、身近な素材を使って自分なりに工夫して表そうとする。
- 素材に興味をもち、試したり工夫したりして遊ぶことを楽しんでいる。

題材と生活のつながり
- 観光船に乗った経験から、自分が乗りたい船をイメージして船を作りたいという思いが広がる。
- 子どもが浮かべて遊びたいという思いから、木片が適していることに気付き、木工遊びになる。

こんな遊びが生まれるよ

であい

木片の形や大きさ、匂いなどに興味をもち、友達と一緒に並べたり積んだりして遊ぶ。

短い・細い釘、やわらかい木を使うことで打ち込みやすくなる。

であい

カラーチューブや輪ゴムなどがあり、打つ場所や打ち方を工夫すると、より釘打ち遊びが楽しめる。

「浮かぶようにしたいなぁ」
「自分も乗れる船を作りたい」
「木で作ろうよ！」

であい

遠足での乗船経験から、船を作りたい思いが強くなった。

教材の教育的価値

大工遊びは繰り返し体験することで集中力・技術力を養い、自信を育てることができる。釘だけでは難しいところにはボンドなどを併用するとよい。船は木片を自由に組み合わせてイメージを広げることができる題材である。

育ちの方向性（指導案）

保育者の願い	ねらい		内容

ねらいを達成するために…

ねらい

学びに向かう力、人間性等
釘打ち・のこぎり引きなどの難しいことも最後まで集中して取り組み、自分のつくりたいものを工夫してつくる。

- 道具（金槌・のこぎりなど）の扱い方が分かり、用途に合わせて選んで使う。
  知識及び技能の基礎
- いろいろな大きさや形の木片を組み合わせて使い、友達と協力しながらつくる。
  思考力、判断力、表現力等の基礎

内容
- 保育者や友達に支えられながら最後まで取り組む。
- 友達と一緒につくったり、考えを出し合ったりする。
- 金槌を使って、釘を打ち込む遊びを繰り返し楽しむ。
- 自分のつくりたいものに応じて、材料を選んだり工夫したりする。
- 木片のいろいろな形や大きさ、材質の違いに興味をもち、試したり必要なものを考えたりする。
- 金槌・のこぎりなどの道具の扱い方を知る。

時間	環境の構成	予想される子どもの姿	保育者の援助・留意点
9：30 10：00 10：30	●床で活動する場合は打ちやすいようにベニヤ板などを敷き、木工台を準備する場合は身長に合わせて高さを調整する。 ●金槌は危険のないように道具箱などを用意する。 ●船や家などが作りやすいように、土台となる板を用意しておく。 ●共通の経験を振り返ったり、イメージを広げたりしていけるように写真や絵などを掲示する。 ●イメージを広げたり工夫につながるよう、毛糸・ビーズ・カラーチューブ・コルクなどの材料を用意する。 ●互いの作品を認め合える場を作る。 **環境のポイント** ●木片は選んで使えるように種類や大きさごとに仕分けをしておいたり、同じ形・長さのものを複数用意しておく。 ●釘は目的に合わせて使えるよう、長さで分類して置いておく。	●「4階建てにしたい！」「人がたくさん乗れる船にしよう」「遊園地の船にする」など、自分の船をイメージする。 ●「釘がなかなか入らない」「ぐらぐらして崩れちゃう」など、材料を選んで使う。 ●「後ろから釘が出てきた」「ここは危ないし抜こう」など、自分の考えを友達に話す。 ●「人を作るのに手にできるものはないかな？」「毛糸を付けたらエレベーターができそう」とアイデアを話して作る。 ●釘・金槌・のこぎりは道具箱に片付けて数を確認する。	●「くっつけたい」「打ち込みたい」など、自分なりにやってみようとする姿を見守りながら、困っているときは支え、やりたいと思ったことが実現していけるようにする。 ●子どものイメージを読み取り、イメージに合ったいろいろな方法があることも知らせながら、試したり工夫したりして作ることを楽しめるようにする。 ●アイデアや工夫しているポイントを認め、周りにいる友達の刺激となるようにする。 ●木片の厚さや大きさに応じて、釘のサイズや長さを意識していけるように声をかける。 ●ボンドは接着に時間がかかるので「しっかりくっつくまで手で押さえておこうね」と声をかける。 ●安全に気を付け、次の遊びがスムーズにできるよう、道具箱に片付けるよう指導する。
ふり返り・評価	●木片で構成していくことを十分楽しめるように、補助材料を出すタイミングが大事だと思った。 ●木工遊びは家庭ではなかなかできない体験ではあるが、集中し、努力していく姿が見られた。最初はできないと言っていた子どもたちも、繰り返しやりながら木工を作る喜びを感じていたので今後も続けたい。 ●船の見学の共通体験があったことで、思いやイメージを共有し、友達と一緒に協力しながら作る喜びにつながった。		

遊びの展開

1 釘や金槌などの道具と木片や木材を準備する

 作れるものの大きさに応じて木工台でしたり、床にベニヤ板や画板を敷いたりする。道具類は道具箱に入れて管理する。釘の長さや太さも木の厚さによって選べるよう準備する。

2 自分の乗ってみたい船を作る

「この形、船にぴったり！」
「ぐらぐらする」
「釘でつなげよう」

イメージしたことを実現できるように工夫したり選んだりする中で、長さや厚さの違いに気付いて生かせるように、思うように行かないときには、その原因を一緒に考え、子ども自身が気付けるように声をかける。

3 必要に応じて材料を選ぶ

ふれあい

「横から打ったら？」
「こっちはおさえておくね！」

友達と共通の目的をもったり協力したりしながら作る。

4 試す

たかめあい

「4階は運転席」
「ご飯を食べるところは3階だよ！」
「海賊の旗も付けよう」

5 共通のイメージをもつ

共通経験を遊びに取り入れることで互いのイメージを理解しやすくなり、目的の共有にもつながりやすくなる。

作ったものと一緒に話を聞くことで満足感につながる。もっとこうしたいという工夫や意欲にもつながる。

幼児期の終わりまでに育ってほしい姿

● 作りたいものに合わせて木の形・長さ・厚さ、釘の長さなどを選んで使う。

● 自分のイメージを言葉で伝えたり、友達の話を聞いてさらにイメージを広げたりする。
● 1人でできないところは友達に支えてもらうなど助け合って作る。

● 木に釘を打ち込むことを繰り返し楽しむ。
● 香りや叩くといい音が鳴るなど、木のよさを感じる。
● 木工遊びを通して木を組み合わせたりつなげたりしながら構成する力を養う。
● 自分たちの地域にある観光船に関心をもち、関わったり興味をもったりする。

● 釘などを繰り返し打つことを通して、最後までやろうとしたり、上手くできた喜びや満足感を覚える。
● 道具の使い方を知り、安全に気を付けて扱う。

展開・応用

木片を使って遊ぶことは最近減ってきています。材料を手に入れることや、釘や金槌の扱いの指導をするのが苦手な人もいますが、子どもの根気を育て、手先の操作性を育てるためには大切な活動です。準備する木片の大きさによって、子どもたちのイメージのスケールも大きく変化します。タイミングよく出すことで、協同性の高まりが期待できます。また、保護者の力を借り、一つのものを作りあげる経験は、協同性の芽生えを培います。木工作品は、長持ちし、生活の中で多様に生かすことができます。

保護者と家作り

道具は安全に・使いやすいように分類して置いておく。

材料・板の大きさに応じて分類する。

完成した家は1年を通していろいろなごっこ遊びの拠点となります。

ドールハウス作り

家作りの経験を基に作りました。

つくる遊び

5歳児 9月

段ボールでつくる
おしゃれなおうちができたよ

主な材料・用具
- 段ボール箱　●段ボールカッター
- ボンド
- 廃材（箱・カップなど）
- 画用紙・いろがみ・プリント布など

子どものいまの姿
- 気の合う友達2〜3人で一緒に遊ぶ姿が見られる。
- 友達と遊びのイメージを話し合ったり、友達の遊びの面白さを自分の遊びに取り入れたりすることで楽しく進めようとする姿がある。

題材と生活のつながり
- 相談したり協力したりしながら共通の目的をもって遊ぶ時期で、段ボールは目的を達成しやすい素材である。

こんな遊びが生まれるよ

であい

段ボール箱そのもので遊ぶ。積み木よりも安全で積んだり並べたり倒したりする楽しさが味わえる。いろいろな大きさや形の段ボールを集めた。

ふれあい

「3段ケーキにしよう」「大きなケーキを作ろう」

段ボールを使って作りたいものを実現。

「バスに乗ってください〜い。発車しま〜す」

ごっこ遊びに取り入れやすく、子どもたちのイメージを実現しやすいので、遊びが盛り上がる。また、囲われた空間を作り出せるので、「1人で」「2〜3人で」「大勢で」と大きさを発達に応じて考えることも大切である。

「うわ〜、たのし〜い！」

救急車だった段ボールが、遊園地ごっこでのジェットコースターになった。

教材の教育的価値

段ボールは大きさや形が自由に変えられ安全なので、遊びの中でいろいろなものに利用できる。切ったり貼ったりしやすく、子どもにとって扱いやすい。また、発達に応じて協同的に取り組む活動にもつなげていきやすい素材である。

育ちの方向性（指導案）

保育者の願い

ねらい

学びに向かう力、人間性等

友達と一緒にイメージを共有しながら工夫してつくる。

段ボールカッターの使い方を知り、必要に応じて安全に使う。

知識及び技能の基礎

友達と相談したり協力したりしながら一緒につくる。

思考力、判断力、表現力等の基礎

ねらいを達成するために…　→

内容

- 友達と一緒につくりたいもののイメージを話し合いながら工夫してつくる。
- 友達に材料や道具の使い方を教えたり、教えられたりする。

- ガムテープ・セロハンテープ・ボンド・のりなど、用途に応じて選んで使う。
- 道具の使い方を知り、安全に気を付けて扱う。

- 家や店など、生活の中で経験したことや自分のイメージを友達と相談し、協力しながら進める。

時間	環境の構成	予想される子どもの姿	保育者の援助・留意点
9：30	●段ボールカッターや布テープなどを子どもたちが作っている場の近くに準備しておく。 ●友達の作り方やイメージの面白さに気付いて自分の遊びに取り入れられるように、遊びの空間・配置に考慮する。 ●段ボールは用途に応じて選べるよう、いろいろな大きさ・硬さのものを準備する。	●段ボールカッターで窓やドアを切る。 ●家のイメージを友達と話し合いながら作る。 ●もっと素敵に作りたいという思いをもちながら材料を選んで作る。 ●ドアや屋根に紙や布を貼る。 ●友達の作っている作品を見て、自分の遊びに取り入れたり、自分の作品の面白さを伝えたりする。 ●使った材料・用具を片付ける。	●家のイメージを聞き取り、実現できるように、一緒に材料を選んだり、使い方のアイデアを知らせていく。 ●友達と目的を共有しながらイメージや工夫しているところを具体的に認める。 ●友達と相談しながら作る中で、意見が違ったりした場合には十分に話し合い、折り合いがつけられるように働きかける。 ●段ボールカッターや布テープなど、使い方のポイントを知らせていくことで、自分たちでできるという気持ちをもてるようにする。 ●段ボールカッターの使用などは安全面に配慮する。 ●子どもたちの遊びへの思いを十分に認め、より豊かなイメージの世界を楽しめる言葉がけをする。
10：15	**環境のポイント** ●作りたいものがイメージしやすく扱いやすい身近な材料を豊富に用意し、選んで使えるようにしておく。（プリント布・箱・いろがみ・リボン・カラーセロハンなど） ●材料に応じて選んで使えるように、ボンド・テープ類・のりなどを用意しておく。		
ふり返り・評価	●段ボールは感触もよく、扱いやすい素材であるため、友達と共通の目的に向けて一緒に作る楽しさを味わうことができた。助け合ったりする必要性もあり、協力も生まれやすい。 ●家作りはイメージしやすく誰もが参加しやすい遊びで、何軒も家ができると互いに関わり合ってごっこ遊びに発展した。		

遊びの展開

1 段ボールを切る

「わたしはこっちから切るよ」

「切るのはなかなか難しいね」

- 初めて使う道具に興味がわく。
- 押して引く動作の仕方を丁寧に伝えながら挑戦する気持ちが自信につながるように関わる。

2 イメージしたものを作る

「どんどん切って上手に切って大工さんみたい」

- 子どもたちのイメージしたものが作り出せるように、いろいろな素材をサイズの変化を付けながら用意したり、材料の使い方のアイデアを伝えていく。

ふれあい

3 友達と一緒に作ることを楽しむ

- 同じ遊びの仲間がいることを感じられる環境の中で、友達のよさを見つけたり、共感し合って遊ぶ楽しさを感じられるようにする。

「もっとかわいくしたいな」

「作り方、教えてあげようか。一緒に作ってみようよ」

「屋根ができた。これで見つからないぞ！」

4 作ったもので遊ぶ

- 材料を探したり、見立ての手立てとなるヒント伝え、イメージが広がるようにしていく。

「おしゃれなおうちができたね」

たかめあい

- お互いに刺激を受ける。
- 子どもたちの遊びへの思いを十分に認め、より豊かなイメージの世界を楽しめる言葉がけをしていく。

幼児期の終わりまでに育ってほしい姿

- 自分たちの家作りに「今日は○○を作る」「明日は○○を作る」など、共通の目的や見通しをもって遊びを進めようとする。
- 友達の考えやアイデアを認めたり取り入れたりする。
- 友達と協力したり相談したりしながら作る。

- 考えたことや思い付いたことを伝えながら遊ぶ。
- 役になって言葉のやりとりを楽しむ。

- 自分たちの身近な生活や体験から作りたいものを決め、より本物らしく工夫しようとする。
- 材料に応じて接着の方法を考えたり、上手くいかないことにどうすればできるのか試行錯誤したりする。

- 段ボールカッターなどの使い方を知り、安全に使う。
- 遊びに必要なものを身近な材料を使って工夫して作る。
- 友達と一緒にイメージを共有しながら工夫して作る。

展開・応用

段ボールは感触を楽しみながら遊びに使うものを作ることができる材料でもあります。身近に集めることもでき、手を加えることもできます。協力も必要になり、協調性を育てる素材としても教育的な価値が高いものです。

おうちをペイント

ダイナミックに遊べます。

お店屋さんごっこ

カウンターは段ボールで、ショーケースは布を貼って作りました。

段ボールおみこし

軽くて丈夫なおみこしで夏祭りを彩ります。

海賊船

劇遊びの大道具になりました。

造形遊びの材料・用具

ゆび絵の具

特徴
- 筆を使わず、直接手に取って活動できるので、絵を描くことが苦手な子どもでも絵の具の経験がしやすい。

教育的価値
- 感触を楽しむことができる。
- 思いきり指や腕を動かして表現することができる。
- 混色を楽しむことができる。
- 友達同士が場を共有し、共感することができる。
- 概念がなく、自由に表現できる。
- 見立てが広がりやすい。

新聞紙

特徴
- やわらかくて軽いので、扱いやすい。
- 可塑性が高く、破る・ちぎる・丸める・折るなどできる。
- カサカサ音がするので、感触だけでなく五感で楽しむことができる。

教育的価値
- 身近な素材で親しみやすい。
- 可塑性が高く、手や体による基本的な行為が育つ。
  （破る・丸める・折る・身に着ける・ねじる・ちぎるなど）
- 五感を刺激し、感覚を育てられる。

自然物
落ち葉・野菜など

特長

落ち葉
- 四季折々に変化する。
- 手触りや音、匂いなどを五感で感じられる。
- 集めたりいろいろな種類を探したりすることで自然への興味・関心がわく。

野菜
- 収穫物の切り口を使ってスタンプ遊びができる。
- 自分たちで育てることができる。
- 切り口を想像したり他の素材を使って組み合わせたり、イメージを広げることができる。

教育的価値

落ち葉
- 身近な素材で、四季折々の美しさを感じることができる。
- 感触を楽しんだり、開放感を味わうことができる。
- 落ち葉の形や色からイメージを広げることができる。

野菜
- 様々な野菜の切り口を使ってスタンプすることで、野菜の形の美しさを感じられる。
- 繰り返しスタンプすることで、写し方を工夫することができる。
- 形の違う野菜を組み合わせて写すことでイメージを広げ、構成力を育てることができる。

土・砂

特徴
- 身近な素材である。
- 地域によって土の質も違い、多様である。
- 水を混ぜることで変化する。
- 繰り返し使うことができる。

教育的価値
- 全身でダイナミックに関わり、感触を楽しむことができる。
- 可塑性に富み、水との関係の中で変化する様子を楽しみ工夫することができる。
- 仲間と協同する活動を展開し、イメージを共有することができる。

土粘土

特徴
- 可塑性に優れ、くっつきもよい。
- 全身を使って関わることができる。
- 乾くと固まるが、水を加えることでまたやわらかくなるので、適切に保存すれば繰り返し使用することができる。

教育的価値
- 全身でダイナミックに関わり、発散できる。
- 可塑性に富んでいることから、見立てやイメージが広がりやすい。
- イメージを共有するなど、友達と協同する活動が展開しやすい。

小麦粉粘土

特徴
- 混ぜる水の量でやわらかさを調節することができる。
- 食紅などを混ぜてカラー粘土にすることもできる。
- 腐りやすいので長く使えないが、焼くと少し長く使える。また、本物のようになる。
  ※小麦粉アレルギーのある子どもがいる場合、使わない方が望ましい。

教育的価値
- サラサラ・ベタベタなどの感触を楽しむことができる。
- 自分たちでも作ることができ、変化を楽しむことができる。
- クッキーやケーキなどイメージを広げ、他の材料との組み合わせにより、表現力を豊かにする。
- 本物のように作れることから、生活の中でごっこ遊びなどに生かすことができる。

紙粘土

特徴
- やわらかくて軽いので、扱いやすい。
- 絵の具やインキを混ぜてカラー粘土にすることもできる。
- 乾くと固まるので、長期に遊びに使ったり、作品として展示したり、記念品として活用したりできる。

教育的価値
- 軽いので、フワフワなどの感触を楽しむことができる。
- 可塑性に富んでいるので、自由に発想を広げ、生活の中で活用できることの喜びが味わえる。
- 長期保存ができることから、飾る楽しさやプレゼントする喜びを味わうことができる。

造形遊び

3歳児 5月 小麦粉粘土であそぶ
やわらかい！クルクル丸めて……

主な材料・用具
- 小麦粉粘土

子どものいまの姿
- ようやく園生活にも慣れ、いろいろな遊びに自ら関わろうとしている。
- 初めての素材に興味を示し、自分なりの関わり方で楽しもうとする。
- 感触遊びや素材遊びを存分に楽しんでいる子どもも嫌がる子どももいる。

題材と生活のつながり
- 小麦粉粘土は感触が心地よく、思わずやってみたい、ずっと触っていたいという安心感がもてる素材である。
- 感触の心地よさで心が安定する。

こんな遊びが生まれるよ

※小麦粉アレルギーの子どもがいる場合は、活動として取り上げない。子どもの健康管理に気を付ける。

 であい

小麦粉粘土、やわらかいね。指で押してみよう。穴があいた

足で踏んでみよう！
小麦粉粘土の心地よい感触を味わう。

気持ちいいね。ぎゅうぎゅうペタペタ

きれいな色の粘土。見立てて遊ぼう！

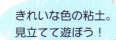 ふれあい

色を使い分けてケーキの土台にした。

木の実や花を飾ったらケーキができたよ

教材の教育的価値

やわらかな感触が心地よく、形を自由に変化させることができる。引っぱる・丸める・ちぎる・たたくなど、いろいろな操作を楽しめ、木の実や草花など自然物を組み合わせると遊びが広がる。

育ちの方向性（指導案）

	保育者の願い	
ねらい 学びに向かう力、人間性等 小麦粉粘土が自由に変化することを楽しむ。	ねらいを達成するために… ➡	**内容** ● 小麦粉粘土の感触の心地よさを味わう。 ● 友達のしていることを見たり真似たりして、楽しい雰囲気を一緒に味わう。 ● 丸める・ちぎる・たたく・伸ばす・引っぱるなどして自分で形を変化させる。 ● 偶然の形を見立てて遊ぶ。 ● 思ったことや感じたことを言葉にしながら楽しむ。

- 丸める・ちぎる・たたく・伸ばす・引っぱるなどして手先を十分に動かす。
  知識及び技能の基礎
- 「これは○○だよ」など、できた形を見立てたり、「クルクル」「ペタペタ」など行為を言葉にしたりする。
  思考力、判断力、表現力等の基礎

時間	環境の構成	予想される子どもの姿	保育者の援助・留意点
9：30 9：50 10：15	● 汚れを気にせず取り組めるように遊び着に着替える。 ● 感触を存分に楽しめるように色は付けず白いままにする。 ● 感触の心地よさを味わえるように十分な量を用意する。 ● じっくり取り組めるようにテーブルを用意し、1人ひとかたまりの小麦粉粘土を配る。 ● 1つのテーブルに何人かで遊べるようにし、友達の様子やしていること、手元が見えるようにする。 ● 人数によって場所を広くしたり狭めたりする。 ● 子どもの様子に応じてポリ袋などに入れ、集めて片付ける。 **環境のポイント** ● 触って気持ちいいと思える、耳たぶぐらいのやわらかさの小麦粉粘土を用意する。 ● たくさんの子どもたちの「やりたい！」に応えられるようにたっぷりの量の小麦粉粘土を用意する。	● 小麦粉粘土を手に取る。 ● 感触の気持ちよさや思ったことを言葉で表す。 ● 握る・伸ばす・丸める・ちぎる・つつく・引っぱるなどする。 ● 思ったことや気付いたこと、自分のしていることを「まるまる」「クルクル」「びよーん」など言葉にして表現する。 ● 偶然できたものをいろいろなものに見立てたり、ごちそうに見立てたりする。 ● 友達のしていることを見たり真似たりして同じようにやってみる。 ● 小麦粉粘土をポリ袋などに入れて片付ける。 ● 手洗いをする。	● 感触のやわらかさを味わえるような小麦粉粘土を用意する。 ● 子どもの「見て見て」という要求やつぶやきに共感的に関わり、安心してじっくり取り組めるようにする。 ● 保育者も一緒に丸めたり伸ばしたりする。 ● 子どもの見立てたことやイメージしたことに共感し、保育者も一緒に取り組みながら楽しさが広がっていくように関わる。 ● 子どもの行為を言葉にして発し、楽しさが同じ場にいる友達に広がっていくようにする。 ● やりたくない子どもには無理にさせず、しばらく見守ったり様子を見て働きかけたりする。 ● 小麦粉粘土は丸めて片付けるよう促す。
ふり返り・評価	● 小麦粉粘土の感触の心地よさから思わず笑顔になり、同時に言葉もたくさん発する姿が見られた。 ● 手のひらや指の力を使って、ちぎる・ひねる・たたく・丸める・伸ばすなどの様々な方法でじっくりと遊ぶことができた。		

遊びの展開

1 1人ずつに粘土を配る

気持ちいいね。クルクル丸めよう

こんなに伸びるよ。長くなった

2 丸めたり伸ばしたりたたいたりする

気持ちいいから顔にもくっつけてみよう

自分なりに小麦粉粘土に取り組む姿を見守る。

3 子どものしていることを言葉にして伝える

丸めて伸ばして長くしよう！

ふれあい

たかめあい

4 友達と関わる

楽しいね。何を作っているの？

人形を作っているよ！

幼児期の終わりまでに育ってほしい姿

豊かな感性と表現

● 感触の心地よさを楽しむ。
● いろいろなものに見立ててイメージを広げて遊ぶ。
● 丸める・たたく・伸ばす・ちぎる・押すなどして楽しむ。

思考力の芽生え

● できたものを並べるなどして偶然の形を見立てて遊ぶ。
● 作れたらまた丸めて作り直し、また次に作るものを考える。

自立心／健康な心と体

● 自分のしていることを認めてもらうことで安心し、じっくり取り組む。
● 小麦粉粘土を引っぱったり、手先を使ってつまんだり握ったりする。

言葉による伝え合い

● 感触や気付きを言葉にして発し、同じ場にいる友達と簡単なやりとりを楽しむ。

展開・応用

小麦粉粘土は汚れを嫌がる子どもも楽しく関われます。色を付けると楽しく、自由に変化させられます。

ごちそう作り

ごちそうがいっぱいだよ

型抜きを使うとより本物らしさを楽しむことができます。

お菓子作り

オーブンに入れて焼いてみるよ

腐りやすいので同じ小麦粉粘土では何日も遊べません。焼くと少し長持ちします。

靴作り

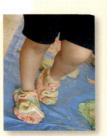

おしゃれな靴ができました。

【小麦粉粘土の作り方】
① 小麦粉と水の割合を7:1にして混ぜる。
② パンの生地を作るように手でこねる。

造形遊び

3歳児 7月

絵の具であそぶ
ヌルヌル、ペタペタ、いい気持ち

主な材料・用具
- ゆび絵の具
- 紙

子どものいまの姿
- 園生活に慣れ、したい遊びを見つけて遊びだしている。
- 砂や土などに触れて、濡れたり汚れたりして遊ぶことにも抵抗がなくなってきている。

題材と生活のつながり
- 絵の具を使ったスタンプ遊びやぬたくり遊びなどの経験があり、絵の具の色の美しさに惹かれて喜んで取り組む姿がある。
- ゆび絵の具は色の美しさや感触も心地よく、塗り広げるなどの開放感を味わうことができる。

こんな遊びが生まれるよ

であい

気持ちいいな。
指や手のひらで伸ばしてみよう

ヌルヌル・グニュグニュの感触を楽しむ。

手のひらで絵の具のお散歩だよ。
どんどん歩こう！

手にも付けたよ

手にいっぱい付いた。
もっと付けよう。
手もヌルヌルだ！

粉粘土でこねこね。
トロトロの感触が気持ちいい！

粉粘土で遊ぶ。

足もヌルヌルだよ。
怪獣みたいになってきたよ

水たまりで遊ぶ。

もっとやってみよう

教材の教育的価値

ゆび絵の具は色が美しく、感触が気持ちいい。指1本で・2本で・手のひらでなど、楽しみ方にバリエーションがあり、色を混ぜることでさらにイメージが広がる。描いたり消したり、やり直しができることで自分なりの試しができる。

育ちの方向性（指導案）

保育者の願い	ねらい		内容

ねらいを達成するために…

ねらい
学びに向かう力、人間性等
感触の気持ちよさに浸りながら集中して取り組む。

指や手のひら全体で塗り広げたり消してやり直したりして変化を楽しむ。
知識及び技能の基礎

指先だけを使ったり、左右対称に動かしてみたり、様々な方法で楽しむ。
思考力、判断力、表現力等の基礎

内容
- ゆび絵の具の感触の心地よさを味わう。
- 指でかいたり消したりして、何度も繰り返す。
- 指1本で・2本で・手のひらでなど、様々なやり方で楽しみ、変化や違いに気付く。
- 指で模様をかくことを楽しむ。
- 混ざった色の美しさや変化に興味をもつ。

時間	環境の構成	予想される子どもの姿	保育者の援助・留意点
9：20 9：30 10：00	●汚れてもよいように遊び着を着用し、腕まくりをするように声をかけ、テーブルの下にもビニールシートを敷いておく。 ●作業がしやすいように腰の高さぐらいのテーブルを使って活動する。 ●写し絵をすることを予想して、写せる紙を用意しておく。 ●テーブルの上にゆび絵の具（1色）大スプーン2杯ほどの量を子どもの前に置いていく。 ●模様が出てきたところで紙を用意して写し絵をする。 ●手を洗うように声をかけ、着替えや片付けをする。 **環境のポイント** ●はじめは1色で取り組み、感触を存分に楽しんでから次の色を出し、色の変化や美しさに気付けるようにする。 ●汚れを気にせず遊べるように準備しておく。 ●写し絵をすると絵の具が乾燥するので写す活動は活動時間の最後にする。	●遊び着に着替えて腕まくりをし、活動の準備をする。 ●ゆび絵の具の感触を楽しみながら、指や手のひらを使って塗り広げたり、描いたりする。 ●指で線を描いたり、道を描いたりする。 ●指で消したらまたやり直せることを知り、何度も繰り返す。 ●紙に写して遊ぶ。 ●手を洗い、遊び着を脱いで身のまわりをきれいにする。	●人数に応じて場所を用意し、手を広げて活動できるくらいの広さを確保する。 ●はじめは1色だけ出し、感触を存分に楽しんでから混ざってもきれいな色を足し、色の変化を楽しみ、色の美しさに気付けるようにする。 ●子どもの感触を表現する「ヌルヌル」「グルグル」などの言葉を受け止め、一緒にしながら楽しさを共有していく。 ●やってみたいけれど活動に入れず躊躇している子には、場所を確保し、はじめは少しの量の絵の具から始め、様子を見ながら少しずつ量を増やしていく。 ●手洗いや着替えなど、他の保育者に手助けしてもらいながら時間をかけてきれいにする。
ふり返り・評価	●ゆび絵の具の感触が心地よく、塗り広げたり線で描いたりすることを楽しんだ。 ●指先に絵の具を付けたり、指全部を使ったり手のひらを使ったりして様々な感触を楽しむことができた。 ●途中で色を加えたことで色の変化や美しさに気付き、楽しみが広がった。		

遊びの展開

1 絵の具をスプーンですくって子どもの手元に置く

ゆび絵の具、気持ちいいね

2 フィンガーペインティングをする

手にいっぱい色が付いた！

指で感触を確かめたり、手のひらを使ったりなどいろいろな方法や表現を認めていく。

3 色の変化に気付く

どんどん色を指で広げて絵も描けるよ

 色が足りなくなったら様子を見て足していく。

ふれあい

4 紙に写す

紙にぺったんこして写真を撮るよ。どうなるのかな

わー、写ったよ。模様ができて、きれいだね

できた模様を残すために別の紙を用意して写す。

たかめあい

幼児期の終わりまでに育ってほしい姿

 健康な心と体

●手指の感覚刺激を受けながら操作を楽しむ。

 自立心

●汚れる活動をするときは遊び着を着る、腕まくりをするなど準備を整える。
●汚れを気にせず、伸び伸びと腕を動かして活動する。

 思考力の芽生え 豊かな感性と表現

●指先を使ったり、手のひらを使ったりしてできていく線や点、模様など様々な描き方を楽しむ。
●色が混ざる面白さや変化する様子、美しさに気付く。

 言葉による伝え合い 協同性 社会生活との関わり

●感じたことや気付いたことを言葉にして表現する。
●同じ場にいる友達と一緒にすることを楽しむ。
●友達のしていることや言葉から刺激を受け、同じようにやってみようとする。

展開・応用

感触遊びは手指から直接感覚を刺激し、子どもの発達を促す遊びです。はじめは抵抗がある子も友達の刺激を受けてその面白さに気付いていきます。

足でもやってみよう

ゆび絵の具

写した紙に絵を描きました。紙面に模様があることで違った発想が生まれます。

写し絵の上でスタンプ遊び。海の中で魚が泳いでいるなど、イメージしたことを描いています。

ここは草の中。みんなでお散歩していて虫もいるよ

粉粘土

粉粘土も感触がゆび絵の具に似ています。様々な取り組みによって手指の感覚が刺激されます。

造形遊び

4歳児 6月

新聞紙であそぶ
ビリビリ、カサカサ、○○にもなるよ

主な材料・用具
- 新聞紙

子どもの いまの姿	・いろいろな素材に触れ、感触を楽しんだり、全身でダイナミックに遊ぶことを楽しんだりしている。
題材と 生活の つながり	・身近にあるチラシや新聞紙を丸めたり、切ったりちぎったりして、ごちそうやお風呂などに見立てている。

こんな遊びが生まれるよ

であい　「大雨が降ってきた〜」
新聞紙を破いて感触を楽しむ。

「ふわふわ！お風呂みたい」

「お布団で寝るよ」

「洋服になったね」

ふれあい

「素敵な靴でしょう！」

折ったり丸めたりして身に着けるものを作り、変身することを楽しむ。

教材の教育的価値
新聞紙は可塑性に富み、やわらかく軽いので、子どもの手で、破ったり丸めたり折ったりと自由に操作できる素材である。また、いろいろなものに見立てたり作ったりすることができる身近な素材でもある。

育ちの方向性（指導案）

保育者の願い

ねらい　→ ねらいを達成するために…　**内容**

学びに向かう力、人間性等

全身で感触や開放感を味わう。

- 全身で新聞紙に触れ、感触や開放感を味わう。
- 新聞紙の形が変わっていくことを実感して驚いたり喜んだりする。

自分の指先や腕の力を使って、やわらかさや軽さに気付いたり、丸める・ちぎる・裂くなどして表現する。

知識及び技能の基礎

新聞紙からいろいろな見立てやイメージを広げ、自分なりにつくりたいものを工夫してつくる。

思考力、判断力、表現力等の基礎

- 腕や指先を使って、破る・ちぎる・丸める・つなげる・折るなどする。
- イメージしたことから自分なりに考えて新聞紙でつくる喜びを感じる。

時間	環境の構成	予想される子どもの姿	保育者の援助・留意点
10：00 10：20 10：40	● 1人ずつに新聞紙1枚を用意する。 ● 使いたいときにすぐに手にできるよう、自由に使える新聞紙を部屋の2か所に用意する。 ● 新聞紙をぶら下げたり引っ掛けたりできるよう、子どもたちの目線上にロープを張る。 ● 遊んだ後の新聞紙を片付ける袋（大・小）を用意する。 ● 新聞紙で作った服・帽子・靴などは、また使えるようにハンガーに掛けたりかごなどに入れたりできるように準備する。 **環境のポイント** ● 新聞紙だけに集中してダイナミックに動いたり試したりできるよう広い場所である。 ● 自分の指でめくってすぐに扱えるよう、1枚ずつにしておく。 ● 必要に応じてセロハンテープを出す。	● 新聞紙に触れて遊ぶ。 ● 保育者と一緒にいろいろな遊び方をする。（破る・巻く・丸める・ひねる・棒にするなど） ● 新聞紙の音を聞く。 ● 靴・スカートなどを作って身に着ける。 ● 新聞紙をロープに掛けたり、下をくぐったり、もぐったりする。 ● 細かくちぎった新聞紙を雪のようにまく。 ● 破った新聞紙をポリ袋に入れて片付ける。 ● ポリ袋のボール（大・小）ができ、遊ぶ。	● 魔法のじゅうたん・布団・鞄・望遠鏡・マント・傘などイメージをもって遊びながら、新聞紙に乗ったり、触れたり、折ったり、丸めたり、かぶったりできることを知らせる。 ● 個々のイメージや思いつきを認めたり取り入れたりする。 ● 風が吹く・雨雪が降るなど新たな動きを取り入れ、大胆に新聞紙を揺らしたり、裂いたり、ちぎったりできる面白さを感じるよう、保育者も一緒に楽しむ。 ● 音を聞いたりしながら音の心地よさを伝えるようにする。 ● 保育者が動物になって、散歩をしたり家や森に見立てながら遊び、イメージを広げるとともに、個々の思いや表現にも共感して一緒に表現する。 ● 必要に応じてセロハンテープを出す。 ● 遊んだ後の新聞紙は飾ったりポリ袋に詰めてボールにしたりして片付けるように働きかける。
ふり返り・評価	● 新聞紙という素材の感触・匂い・大きさ・質感などを感じながら、伸び伸びと遊ぶ姿が見られた。 ● 誰もが簡単に扱えて、イメージや感じたことを周りの友達と共有しやすかった。		

遊びの展開

1 新聞紙をいろいろなものに見立てる

「新聞紙を使って冒険に出かけよう！」とイメージの投げかけで自分なりの表現を引き出す。

1人ずつ新聞紙を持って出かける。

であい

クルクル巻ける

傘になるよ　帽子にしよう！

おーい！見えているよ

2 新聞紙を破ったり裂いたりする

「風が吹いてきた」「雨が降ってきたよ」と新たなイメージを取り上げて声かけをする。「ビリビリ音がするね」「ふわふわだね」「いっぱいになるね」など、具体的な言葉で伝える。

ふれあい　たかめあい

落ちてくる〜

踏んだらカサカサっていうよ

破れていっぱいになっているね

3 イメージしたものを作る

一緒のを作ろう。かっこいいなあ

ぼくのほうきで掃除するよ

破ったり、つなげたりして見立てていくうちに、作りたいもののイメージがわいてくる。

4 新聞紙をぶら下げたりつなげたりする

おうちになるよ

「あ、家があるよ」とロープに新聞紙をぶら下げてドアや屋根に見立て、その中で遊びだすきっかけにする。自分でぶら下げたり片付けたりすると楽しいことも伝える。

5 片付ける

片付けは、みんなで袋に集めて大きなボールにする。

幼児期の終わりまでに育ってほしい姿

●全身で新聞紙に触れ、感触や開放感を味わう。

●新聞紙の大きさや形に感動したり、自分で形を変えていけることを楽しんだりする。

●新聞紙で作ったボールの大きさや重さを比べる。

●新聞紙の感触や音、匂いに気付き、言葉にしていく。

●裂いたり丸めたりした新聞紙を、見立てたりつなげたりする。
●大胆に新聞紙を使い、試したり繰り返したりする。
●イメージに合わせて新聞紙で作る喜びを感じる。
●自分なりに工夫して新聞紙でいろいろなものを作る楽しさを感じる。

展開・応用

新聞紙は身近な素材で、感触を楽しんだり、いろいろなものに作り変えることができます。5歳児になると、具体的にイメージをもって新聞紙を形作ったり、細部にこだわりや工夫も見られます。接着の方法も幅が広がり、テープだけでなく、結んだり和紙を上から貼り付けたりしながら自分の思いやイメージをより具体的に表現します。

新聞紙で人形作り

新聞紙を丸めて形にします。イメージに合った色の和紙をのりで貼り、色を付けたり布やリボンなどで飾り付けたりしていきます。

新聞粘土でケーキ作り

【新聞粘土の作り方】
①新聞紙を手でちぎる（1cm四方）。
②ちぎった新聞紙をバケツや洗面器に入れ、ぬるま湯を新聞のかさの4分の1くらいの高さまで注ぎ入れる。新聞紙がぐちゅぐちゅになるまで手でこねて溶かす。※水よりお湯の方が溶けやすい。
③要らなくなったストッキングに新聞紙を入れ、絞って十分に水を切る。
④水を切った新聞紙をバケツや洗面器に戻し、でんぷんのりを少しずつ入れながら混ぜていく。

造形遊び

4歳児 11月

落ち葉であそぶ
落ち葉で変身しよう

主な材料・用具
- 落ち葉
- ボンド
- マーカー
- ガムテープ
- セロハンテープ
- 牛乳パック
- ステープラー

子どものいまの姿	・園庭の落ち葉やドングリなどを集め、宝物などに見立てて遊ぶことを楽しんでいる。 ・気の合う友達に、自分の見つけたことや感じたことを伝えながら遊ぶことを楽しんでいる。
題材と生活のつながり	・ドングリ・落ち葉・枝などの身近にある素材をたくさん集めて、飾り付けに使うなどしている。自然物ならではの色や形の面白さを生かすことで、遊びやイメージがより広がる。

こんな遊びが生まれるよ

であい

近隣の公園へ出かけ、木々の色付きを楽しんでいる。

落ち葉のじゅうたん、きれいだな

たくさん集めてカラフルシャワー

葉っぱの遠足。みんなで山登りがんばれ

ふれあい

砂山を落ち葉で飾り付ける。

コワコワおばけ！

泣き虫恐竜！

きれいな色の落ち葉を選んで集め、その中に面白い顔があるのを発見して見立てて遊んだ。

教材の教育的価値

自然との触れ合いは、偶然性に溢れ、子どもの五感を刺激する。また、一つとして同じものがないことで探究心や創造力も生み出す。とりわけ秋の自然は色彩も豊かで花や実などの形も様々で繊細な製作活動など、幅広く遊びを展開することができる。

育ちの方向性（指導案）

保育者の願い

ねらい

学びに向かう力、人間性等

落ち葉の感触や温かさに触れ、自然の移り変わりを知る。

落ち葉の色や形の違いに気付き、関心をもつ。
知識及び技能の基礎

落ち葉の穴や形、大きさなどから、イメージを広げたり見立てたりしながらつくることを楽しむ。
思考力、判断力、表現力等の基礎

ねらいを達成するために…

内容

- 投げる・乗せる・ちぎる・握るなど、落ち葉の重さや匂い、音などを感じながら遊ぶ。
- 落ち葉をたくさん集めたり分けたりして、いろいろな色や形があることに気付いたり興味をもったりする。
- 落ち葉の色や形からイメージを広げ、見立てたり、落ち葉を使ってつくったりすることを楽しむ。
- 気付いたことや感じたことを友達や保育者に伝えながら一緒に遊ぶことを楽しむ。

時間	環境の構成	予想される子どもの姿	保育者の援助・留意点
9：30 10：00 10：20 10：30	●3日前に集めて押してあった落ち葉を形で分類できるように容器を準備する。 ●空き箱・新聞紙・牛乳パックなどの材料や、輪ゴム・毛糸・タコ糸などの補助材料を用意しておき、落ち葉を生かした製作が楽しめるようにする。 ●両面テープ・セロハンテープ・ガムテープ・ボンドなど、付けたいものに合わせて接着できるように用意しておく。 ●作ったものを飾っておけるように、展示スペースを用意しておく。 **環境のポイント** ●落ち葉は拾ってすぐに使うのではなく、2～3日、新聞紙などにはさみ、押し葉にしておくと製作に使いやすくなる。	●押してあった落ち葉を分類して容器に入れる。 ●「鳥の羽みたい」「手になる」など見立てながら自分の使いたい落ち葉を取りに行く。 ●牛乳パックのベルトや冠にボンドやセロハンテープで落ち葉を貼る。 ●画用紙の冠に落ち葉を並べて貼る。 ●自分の頭にかぶったりベルトにしたりしながら作ったものを身に着ける。 ●変身ポーズをする。 ●ブレスレットや花束にする。 ●棚の上に飾って翌日も使えるようにする。 ●片付ける。	●保育者も一緒に落ち葉を集めながら、子どもの発見したことやつぶやきを受け止め、共感する。 ●作りたいもののイメージなどを丁寧に受け止め、その方法を一緒に考えたり、必要な材料や用具を一緒に選んだりして支える。 ●ベルトや冠、ブレスレットなど、作りたいものを提示しながら、やりたいことが実現していけるように援助する。 ●保育者自身も落ち葉を使った製作を楽しみ、子どもとその楽しさを共感することで、遊びがより楽しくなるような雰囲気作りをする。 ●個々の子どもの発想を認め、保育者も一緒に楽しむ。 ●作ったものを身に着けて変身する喜びを一緒に感じる。 ●翌日も使えるよう、分かりやすく飾るように助言する。
ふり返り・評価	●冠やベルトなど、身に着けることを楽しむ姿が多く見られた。牛乳パックのヘルメット、画用紙のベルトなどを作っておき、貼ることを楽しめるものを準備しておくことで存分に楽しむことができた。 ●身に着けるということで、色や形の気に入った落ち葉を見つけて使おうとする姿が見られ、落ち葉の色や形により注目し、興味をもって扱うことができた。			

遊びの展開

3日前

1 素材に触れる

「いろんな落ち葉を集めよう！」

探したり集めたりする中で、いろんな個性の落ち葉があることに気付く。

2 見立てやイメージをもつ

並べたり分けたりする中で、興味や気付きを聞いたり、イメージを具体的な言葉で引き出したりして、遊びの方向性がもてるようにする。

3 イメージや思いを形にする

お姫様の冠だよ

変身ベルト、いいでしょう

できたことやイメージしたことを十分に認め、自然物での造形遊びをより楽しめるようにする。

4 身に着けて遊ぶ

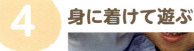

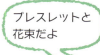ブレスレットと花束だよ

王冠ができたよ

互いのしていることに興味をもったり刺激し合ったりできるように、友達同士の様子を知らせたり、友達と関わりながら作ったり遊んだりすることを楽しめるようにする。

幼児期の終わりまでに育ってほしい姿

思考力の芽生え

●落ち葉を生かし、いろいろな道具を使って試したり工夫したりして遊ぶ。

 豊かな感性と表現
 言葉による伝え合い
 数量や図形、標識や文字などへの関心・感覚

●自分のイメージを言葉で伝え、友達の話を聞いてさらにイメージを広げたり共有したりする。
●色・形・大きさなどの特徴に気付き、見立てたりイメージを広げたりする。
●友達や保育者の作っているものを見て、同じものを作ろうとしたり、同じものを持つことを喜ぶ。
●秋の自然の色合いの美しさや移り変わりに関心をもち、感じたことを体や言葉で表現する。

社会生活との関わり

●公園など、身近な自然に関心をもち、遊ぶことを楽しむ。

 自立心
 健康な心と体

●自分が興味をもったものを探したり集めたりする。
●秋の自然の中で存分に落ち葉に触れて遊ぶ。

展開・応用

自然の中に出かけ、落ち葉に存分に触れることを大切にしながら、子どもたちの発想や見立てを広げる手立ても必要です。子どもの表現の素朴さを大切にしながら、イメージが豊かに広がるようにしていきましょう。

花束きれいだね

イチョウの花束

イチョウの葉を重ねて輪ゴムで止めると美しい花束になりました。葉の特性を生かすことで遊びが広がります。

葉っぱのお散歩

葉っぱからイメージしたことをサインペンで描くことで表情が生まれ、楽しくなります。

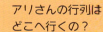
砂のお城

アリさんの行列はどこへ行くの？

造形遊び

5歳児 7月

スタンプであそぶ
〇〇みたいできれいだな

主な材料・用具
- 版画絵の具
- オクラ
- スタンピング皿
- 画用紙

子どものいまの姿
- 水や砂、絵の具などの素材との関わりの中で、開放感を味わい、繰り返し試したり自分なりに工夫したりする姿が見られる。
- 上手くできるか自分なりに不安に思い、躊躇することがある。

題材と生活のつながり
- 絵の具のローラー遊びやぬたくり、手形遊びなどを通して思う存分素材と触れ合う経験がある。
- 子どもが身近な夏野菜でスタンプすると写ることを発見した。

こんな遊びが生まれるよ

であい

畑でオクラがたくさん採れたよ！

茎と葉っぱを描きたいな

たかめあい

虫たちが住んでいる町ができた！

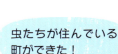

いろんな形、面白い！

スポンジで写す。

お花畑の中にネコがいるの

段ボールで写す。

しゃもじでやったら点々がいっぱい！

ふれあい

教材の教育的価値

オクラ・レンコン・ナスなどの夏野菜は、スタンプ遊びが簡単にでき、形が変化に富んでいるので扱いやすく美しい。版画遊びは身近なものが何度も繰り返し写せることが楽しい遊びである。

育ちの方向性（指導案）

保育者の願い	ねらい		内容

保育者の願い

ねらい

学びに向かう力、人間性等
友達の表現方法を自分なりに取り入れ、やってみようとする。

身近な素材や道具に触れ、試したり工夫したりしながらスタンプ遊びへの興味・関心を広げる。
知識及び技能の基礎

写ることを楽しみながら、色や形を工夫したりイメージを広げたりする。
思考力、判断力、表現力等の基礎

→ねらいを達成するために…

内容

- 友達の方法を取り入れ、いろいろな押し方を自分なりに試す。
- 手の添え方・持ち方・力加減など、きれいにスタンプできる方法に気付き、満足するまでやってみる。
- 繰り返しスタンプ遊びをする中で、道具や野菜の形に関心をもったり、見た目と断面の違いに気付いたりする。
- 形や色の美しさや面白さに気付き、自分なりの表現を楽しむ。
- 気付いたことや感じたことを友達や保育者に伝える。

時間	環境の構成	予想される子どもの姿	保育者の援助・留意点
10：45 11：30 11：45	●栽培活動で育てたオクラがたくさん収穫できたことから、オクラ・スタンピング皿・版画絵の具を準備する。 ●オクラは、横切り・縦切りなど切り方を工夫する。 ●描き加えたい子どもには、パスやサインペンなどの描画材料も準備する。 ●プラカップや筒なども準備し、試すようにする。 ●使った道具を洗う・机を拭くなど、片付けをする。 **環境のポイント** ●スタンプしたときに色が映えるよう、暗い色の画用紙（黒・紺・群青など）を用意する。 ●暗い色の画用紙に映えるよう、絵の具は明るい色にする。 ●画用紙はいろいろな大きさ（4切の2分の1・3分の1・4分の1など）にし、選べるようにする。	●準備しているときから、「何をするの？」と期待感をもって様子を見る。 ●オクラの切り口を想像し、自分の思ったことを伝える。 ●保育者がスタンプしたものを見て、「やってみたい！」と取り組む。 ●繰り返すうちに、きれいにスタンプが押せるように力加減や押し方を考えながらスタンプする。 ●友達の様子を見て同じようにやってみたり真似たりする。 ●イメージが膨らみ、パスやペンで描き込む。 ●汚れた机や用具などを洗って片付ける。	●子どもの表現する喜び、楽しさに共感し「これはどうやったの？」と聞いたり、周りの子どもたちに知らせたりする。 ●切ったオクラを見せるなどして、期待や興味・関心が膨らむようにする。 ●丁寧にスタンプする姿、構成することを楽しむ姿など、一人一人の表現を認めていく。 ●色が混ざらないように、使ったオクラは同じ色のスタンピング皿に返すよう助言する。 ●イメージしていることを具現化しようとする姿に応じ、「こうしようと思っている？」と手法につながる言葉がけをしたり、新たな材料を提示したりする。 ●「こうしたらどうなるだろう」と保育者も一緒にやってみながら、新しい写し方を考えるように働きかける。
ふり返り・評価	●スタンプの材料をオクラだけにしたことで、色の重なりや形の構成を楽しんだり、切り口から、夜のイメージで流れ星・天の川・花火など、身近なものや経験したことを楽しんで表現することができた。 ●繰り返しやってみるうちに、手形・指・カップなど、いろいろなものでスタンプできることに気付き、試したりやってみたりする姿が見られ、遊びが広がった。		

遊びの展開

1 スタンプ遊びをする

「黄色ですると お星様みたい」

であい

 収穫したオクラは写り方の違いを感じられるように縦や横に切って準備する。

 オクラを縦に切ったものをスタンプ。端までしっかり押さえるときれいにスタンプできることに気付き、丁寧に押さえていく。

「転がしてみよう。どうなるかな？」

2 子ども同士で見せ合う

「花火！」

「お花みたいでかわいい！」

 ふれあい

 「どうやって押したの？」など子ども同士の会話が広がる。

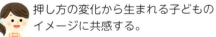 押し方の変化から生まれる子どものイメージに共感する。

 たかめあい

3 身近なものを写す

「これもできるかな？」

「シャボン玉がいっぱい！」

 カップに絵の具を付けてスタンプ。いろいろ試す。

幼児期の終わりまでに 育ってほしい姿

豊かな感性と表現

● 色や形から自分なりにイメージを広げ、表現することを楽しむ。
● 自分のイメージに合う形や色を選び、表現する。

自然との関わり・生命尊重

● 日々の水やりを通して、オクラの成長に関心をもったり、収穫の喜びを感じたりする。
● 身近な栽培物を遊びに取り入れる。

思考力の芽生え

● きれいにスタンプするためのやり方を考えたり、繰り返しやってみる中で気付いたりする。
● 繰り返し試す中で、強く押すと濃い・弱く押すと薄いなどの力加減に気付く。

健康な心と体 **自立心**

● 興味をもった遊びに自ら関わり、繰り返し楽しむ。
●「もっとやってみたい!」と意欲的に取り組む。

言葉による伝え合い **協同性**

●「こうすれば上手くできる!」と自分の気付いたことを友達に伝える。
● スタンプの仕方を友達に伝える。

展開・応用

いろいろな形のスポンジやローラーを使って試しました。子どもたちの身近な材料から選んで試せるように、扱いやすく、安全なものを用意します。

1つのローラーにいろいろな色を付けると虹が描けました。

スチレン板に身近な材料・用具でいろいろな線を引いたり押し付けたりして、自由に試したり確かめたりできるようにします。

紙版画

ビー玉のお散歩

絵の具を塗ったビー玉を箱の中で転がします。

造形遊び

5歳児 10月

土粘土であそぶ
恐竜はどんなところに住んでいるかな

主な材料・用具
- 土粘土
- タライ
- シート
- 雑巾
- タオル

子どものいまの姿
- 友達と目的を共有しながら遊びを進める姿が見られる。
- 仲間同士で思いの違いが見られる。自分の意見が通らないときには怒ることもあるが、気持ちを切り替えて行動することができる。

題材と生活のつながり
- 粘土は3歳児から関わって遊んでいるので、扱い方にも慣れ、子どもにとっては身近な素材である。
- 恐竜展を見てきた子どもの興味が、クラスの他の子どもにも伝わり、恐竜に関心をもっている。

こんな遊びが生まれるよ

土遊びや泥遊びは、粘土との関わりの原点である。泥遊びに抵抗がある子どもも、小麦粉粘土（p.128）との関わりから始めると楽しむことができる。

であい

水たまりで泥遊びをし、粘土のように固まる面白さを発見する。（3歳児）

きれいなお団子がいっぱいだね

小麦粉粘土は中間色的な色で作り、混ざっても美しい色合いにする。（4歳児）

ふれあい

これ、土みたい

長いしっぽができたよ

土粘土の感触のよさを味わう。（4歳児）

仲間で一緒に、恐竜やその住処を作る。（5歳児）

たかめあい

教材の教育的価値

粘土は可塑性に富み、感触を楽しみながら形にこだわることなく、自分の思いを表現できる素材である。また、自由に見立てることができ、象徴的思考も働かせることができる。種類も豊富で地域によって質も異なる。

育ちの方向性（指導案）

| 保育者の願い | ねらい | → ねらいを達成するために… | 内容 |

ねらい

学びに向かう力、人間性等
粘土の特性を生かして、友達とイメージしたものを協力しながらつくり、達成感を味わう。

知識及び技能の基礎
粘土との関わりで、経験してきた遊び方を生かして、工夫してつくる。

思考力、判断力、表現力等の基礎
自分や自分たちの思いを工夫し、恐竜や住処のイメージを膨らませながら表現する。

内容
- 自分のイメージを伝えたり、友達のイメージを聞いたりし、イメージの共有を図りながらつくる。
- 仲間の友達と共通の目的をもち、つくりあげる喜びを感じる。
- 丸めたり、伸ばしたり、握り出したりしながら、必要な方法を考えてつくる。
- 仲間の友達といろいろな方法を相談して考える。
- 仲間の友達とイメージしていることを話し合う。

時間	環境の構成	予想される子どもの姿	保育者の援助・留意点
10:20 10:30 11:30 11:45	● イメージがもちやすいように、恐竜の写真や図鑑などを準備する。 ● 大きなシートを部屋中に敷いて、汚れてもよい環境にする。 ● テラスには、タライやタオル、足拭きマットなど、手足の汚れを洗ったり拭いたりする場を作る。 ● グループで恐竜の住処を作ったり、個々の思いを伝え、相談したり工夫したりしながら作れるように、必要であれば粘土を補充する。 ● できた恐竜の住処や恐竜をグループで見ることができるように場を整理する。 ● 汚れたシートを雑巾で拭けるようにする。翌日も続きができるように、濡れ雑巾やビニールを準備し、作品が乾燥しないようにする。 **環境のポイント** ● 粘土の塊（20cmぐらい）をシートの真ん中に重ねて置いたり、それぞれのグループの場所に置いたりしながら、個々の思いで自由に取れるように準備する。	● 素足になったり、腕まくりをしたりするなどの身支度をする。 ● 保育者の話を聞く場に、仲間同士で集まる。 ● 作りたい住処や恐竜についてグループで話し合う。 ● 踏んだり、高く引き伸ばしたりしながら、粘土で自由に遊ぶ。 ● 自分がイメージする恐竜や自分たちが作りたい恐竜を作る。 ● 話し合ったり、一緒に作りながら思いの違いなどに気付く。 ● 作品を見て工夫しているところやよいと思うところを話す。 ● 翌日も続きができるように、濡れ雑巾をかけたり、ビニールをかぶせたりする。	● 保育者は、今まで仲間で話し合ってきた恐竜や住処について、再確認する。さらに、作りたいイメージについて、話し合うように働きかける。 ● 友達と一緒に作るものと個人が作るものなど、それぞれのグループで考えるように助言する。 ● 偶然できた形から「〇〇ザウルスみたいね」と発想が広がりやすいように声をかける。 ● 個人の発想を生かせるように、また、仲間とのイメージの共有ができるようにそれぞれの話し合いや活動内容に気を付けて援助する。 ● できあがった作品を自由に見て回り、最後はそれぞれのグループの工夫したところを発表し、互いの作品を認め合うことで、仲間で作る喜びを味わうようにする。 ● 翌日も続きができるように、子どもたちと一緒に粘土の管理をする。
ふり返り・評価	● 最初に粘土を伸ばしたり踏んだりして全身で遊んだことにより、塊からイメージを広げ、恐竜が作りやすくなったように感じた。		

遊びの展開

1 話を聞いて目的をもつ

であい

粘土の塊を準備する。真ん中に置いたり、グループごとに分けたりして、意欲が起こる環境にする。耳たぶぐらいのやわらかさが扱いやすい。

2 グループで相談して作る

暗いところがいいよ

恐竜はどんなところに住んでいるのかな

3 グループで工夫する

これは、○○ザウルスだ

ふれあい

たかめあい

仲間と恐竜の住処のイメージや恐竜について、作りながらイメージが変化していく。思いの違いやぶつかり合いも体験しながらイメージを共有していく。

4 片付ける

片付けもみんなで協力してする。

5 他のグループの作品を見る

ワニザウルスだよ。背中が武器になっているの

口から火を吹いているのがかっこいいね

幼児期の終わりまでに育ってほしい姿

- 粘土を踏んだり、塊を抱えたりしながら、全身で関わる。
- 片付けや身のまわりの始末を積極的にする。
- できた作品を見て達成感を味わう。

- 粘土の重さに関心をもったり、友達と比べたりする。
- 恐竜についてイメージしたことを形に表現するために何度も繰り返し考えて作る。

- グループでどのような恐竜や住処を作るのか、目的に向かって相談し、イメージを共有しながら作る。
- 住処を一緒に作りながら、個々の思いや考えを話し合ったり認め合ったりする。
- 仲間と一緒に片付けたり、できないところは助け合ったりする。

- 恐竜のイメージを工夫して表現する。
- 自分が作りたい恐竜を作ったり、個々のよさを認めたりしながら、協力して作る。
- 互いの作品のよく考えているところや頑張ったところを認め合う。

展開・応用

土粘土は、それぞれの産地によって、土の色や質感も違います。作品を乾燥させ、上にニスを塗ると焼いたような質感が出ます。地域の陶芸家などの力を借りて焼き物を体験しても楽しいです。

土粘土

土粘土の焼き物

紙粘土

小麦粉粘土は、各年齢によって様々な遊びが広がります。3歳児では丸めたり伸ばしたりの感触遊び、4歳児ではパン屋さん・クッキー屋さんなどのお店屋さんの素材になります。また、紙粘土は乾きやすく軽いので、大きなケーキのトッピングなどにそれぞれ工夫して使えます。

小麦粉粘土

オーブントースターで焼くとしばらく使えます。

年間指導計画 3歳児

発達の特徴や子どもの姿
- 身近な素材との出会いの中で、自分なりに触れたり見立てたり変化を楽しんだりして遊ぶ姿がある。
- 繰り返し取り組みながら、自分から物に関わり、楽しんで描いたり作ったりしている。
- 気付いたことや関心をもったことを自分なりに取り入れて遊ぶことができる。

4～8月（春～夏）

造形・表現活動における指導のポイント

- 一人一人が安心して物や素材と関われるように十分な場・量や数を用意する。
- 子どもたちが繰り返しいろいろな素材に触れて遊べるように用具を分かりやすく出しておく。身近な材料・用具の使い方を伝え、できるように援助する。
- たっぷりとした時間の中で素材と出会い、素材に触れる体験ができるように無理のない計画を立てる。（時間や繰り返しできる場の保障）
- 個々の子どもが取り組んでいる様子を理解し、認めたり共感したりしながら、表現の楽しさを感じるように援助する。
- 遊びに入りにくい子どもには、見守りながら興味をもつように誘いかけ、時間をかけて遊びだす姿を待つようにする。
- 汚れる活動は、準備や片付けの方法を十分考え、配置などに気を付けた環境を構成する。

この時期に経験させたい造形・表現活動

紙で遊ぶ
シール
貼る

紙を貼る
のり・いろがみ
貼る

新聞紙遊び
新聞紙
ちぎる・かぶる・破る・たたむ

箱遊び
箱
積む・並べる・見立てる

パス・クレヨン遊び
パス・クレヨン
お散歩・グルグル遊び

パス遊び
パス
飴玉・傘・かばん

七夕飾り
のり・画用紙・いろがみ
三角つなぎ

砂遊び ― **泥遊び** ― **水遊び** ― **色水遊び**
絵の具・草花・石けん

絵の具遊び

スタンプ遊び
絵の具・スタンピング皿・カップ・筒

粘土で遊ぶ
小麦粉粘土・粉粘土

フィンガーペインティング
ゆび絵の具・絵の具・筆・紙
ぬたくり・手型押し・足型押し

造形・表現活動を通して育てたい力
- 身近な素材に興味をもち、自分なりに見立てたりしながら関わりを楽しむ。
- 表現するための身近な道具と出会い、使い方を知る。
- 素材のもつ感触や変化を全身で楽しむ。
- 積んだり並べたりしながら作る楽しさを感じる。
- 線で自由に描いたり、意味付けたりしながら描く楽しさを感じる。

9～12月（秋～冬）	1～3月（冬～春）
●繰り返し遊び、満足いくまで取り組めるように時間や場を保障する。 ●偶然できたものに保育者が「○○みたいね」と見立て、イメージがもてるような言葉がけをしていく。 ●子どもが作ったものからイメージしたことを共有し、保育者も作り、一緒に遊びながら作る楽しさを感じるように援助する。 ●粘土などの可塑性のある素材に触れ、変化する様子の面白さに気付いたり楽しんだりするように援助する。 ●木の実や木の葉を集めたり、寝転んだりしながら感触を楽しんだり、それを使って作る楽しさを感じる。 ●身近な材料・用具を安全な使い方を知って使っているかを確かめ、使えていない場合は個々に援助する。	●身近なはさみやのり、セロハンテープ、パス、サインペンなどの使い方が身に付いているか確かめる。 ●自由に描いたり作ったりできるように、材料を分類したり、紙やサインペンを準備しておく。 ●積もった雪の形からいろいろなものに見立てて遊んだり、棒で園庭に線を描いたりするなどの素朴な表現を大切に受け止め、認めたり、みんなで一緒にしたりする。 ●作ったものを身に着けて遊んだり、遊びに必要なものを作ったりしながら、作る楽しさが感じられるように保育者も一緒に作り、それを生かして遊ぶような環境を考える。 ●作ったものや描いたものを大事にするよう働きかける。

9～12月

箱遊び・紙製作
箱・紙コップ・紙皿
見立てる・丸める・巻き付ける

製作遊び
紙・のり・セロハンテープ・はさみ・箱・容器・筒・キャップ・もみがら
乗り物・動物・人形・ミノムシ・クリスマスツリー・サンタ

絵を描く
パス・絵の具
イモ・ケーキ・ドングリ

木の実や木の葉で遊ぶ
木の葉・ドングリ・ペットボトル
木の葉の上で寝転ぶ・マラカス作り・飾り作り

粘土で遊ぶ
小麦粉粘土・木の実・マカロニ
ケーキ作り

1～3月

凧・鬼のお面を作る
画用紙・凧糸・ポリ袋・パス・毛糸

ひな人形を作る
カップ・ペットボトル・毛糸・紙
カップやペットボトルに毛糸を巻く

絵を描く
絵の具・パス・サインペン
雪だるま・カブ・消防車

劇遊びに必要なものを作る
パス・サインペン・画用紙・のり・セロハンテープ
お面・衣装作り

土粘土で遊ぶ
土粘土
丸める・伸ばす

進級作品・プレゼントを作る
紙・いろがみ・のり
コップに絵を描く

年間指導計画 4歳児

発達の特徴や子どもの姿
- 「こうしたい」「こうありたい」と理想や願望をもつようになる。現実とのギャップを感じたり葛藤したりしながら、乗り越えていくことで自信を付け、知的好奇心も旺盛になってくる。
- 自分のイメージした通りに体を動かしたり、2つの動作をコントロールしたりする。利き手がはっきりしてきて、手先を使う遊びにも興味をもつ。
- 友達と楽しいことを共有したり、思いがぶつかりトラブルになったりするが、我慢できるようになる。

4～8月（春～夏）

造形・表現活動における指導のポイント
- 新しい素材や用具などに触れ、興味を広げられるようにする。その際、材料・用具の使い方について再確認し、正しく使えるようにする。
- 子どもが自分なりにじっくりと取り組める時間や場を保障し、保育者が共感したり認めたりして子どもが自信をもてるようにする。
- 伸び伸びと描いたり作ったりできるように、いろいろな素材を使って表現を楽しめるように場を作る。
- 絵の具遊びなどに全身で取り組み、汚れを気にせずに感触が味わえるような場の設定をする。

この時期に経験させたい造形・表現活動

絵を描く
絵の具・パス・サインペン

好きな絵を描く
パス・サインペン・鉛筆
カタツムリ・カエル・雨降り

自分の思いを描く
絵の具・パス・サインペン
栽培物（トマト）・家

絵の具遊び
絵の具・ゆび絵の具・ローラー・模造紙・画用紙・筆・スタンピング皿・野菜
スタンプ遊び・手型押し・ぬたくり・フィンガーペインティング・ローラー遊び・はじき絵

段ボールで遊ぶ
段ボール・絵の具・筆
家・車・電車

製作遊び
箱・容器・筒・キャップ
ロボット・動物・建物

色水遊び
草花・すり鉢・容器・絵の具・サインペン・クレープ紙・水でっぽう

砂遊び

泥遊び

土粘土で遊ぶ
土粘土
踏む・丸める・塊を掘る・たたきつける・持ち上げる・伸ばす・団子を作る

造形・表現活動を通して育てたい力
- 砂・水・泥などの自然物、空き箱や身近な素材に興味をもち、工夫して表現する。
- 描いたり作ったり、自分の思いやイメージを広げながら表現することを楽しむ。
- 自分の思いをいろいろな表現方法で、伸びやかに表現する。
- いろいろな材料・用具に関心をもち、使い方を身に付ける。

9～12月（秋～冬）

- 子どもが何度も繰り返し遊んだり工夫したりできるように、必要な材料・用具や場を用意しておく。
- 一人一人の興味に応じた活動ができるように、遊びの様子に応じた環境を整えていくことでより意欲がもてるようにする。
- 体験したことから、おはなしを作ったり子どもの思いを広げながら絵に表したりできるように働きかける。
- 個々の子どもの表現内容を読み取り、理解しながら、子どもと一緒に楽しんだり飾ったりする。

体験したことから思いを描く
絵の具・パス・サインペン
運動会・イモ・動物・大きな木・ドングリ

遊びに必要なものを描いたり作ったりする
パス・サインペン・紙・はさみ・のり・箱・紙袋・ポリ袋・カップ・毛糸

作品展
自分の作品を並べる・自分の作品を伝える

自然物を使って遊ぶ
ドングリ・木の葉・木の枝・カップ・ペットボトル・筒・箱
ドングリ転がし・マラカス作り・冠・洋服作り

粘土で作る
土粘土・紙粘土・小麦粉粘土・ドングリ
動物・基地（土粘土）
お菓子・ケーキ（小麦粉粘土・紙粘土）

クリスマスの飾りを作る
紙皿・紙・紙コップ・いろがみ

1～3月（冬～春）

- 自分がイメージしたものを実現できるように、保育者が思いを汲み取りながら一緒に考えたり、友達の様子に気付けるように投げかけたり知らせたりする。
- 自分たちで考えたり、試したり工夫したりして遊びが進められるように、素材などの置き場所を固定し、必要なものを自分で選んだり取り出したりしやすいようにしておく。
- 個々の子どもの発想や工夫を認め、他児と一緒に共感するようにする。
- アイデアが出にくいときや材料が選べず困っているときなどには、保育者も一緒に考えながら新しいアイデアや材料を提供する。

おはなしの絵を描く
絵の具・パス・サインペン・鉛筆
そらいろのたね・おおきなかぶ・てぶくろ・もごもごわにくん

スチレン版画
スチレン板・鉛筆・版画絵の具・キャップ・和紙

劇遊びに必要なものを描いたり作ったりする
絵の具・段ボール・いろがみ・和紙・画用紙
お面・衣装・小道具・家・住処・ペープサート

コマ・凧・鬼のお面を作る
ビニール・ひご・凧糸・ボール紙・毛糸・布・マーカー

雪・氷で遊ぶ
雪・氷・絵の具・カップ・花

プレゼントを作る
紙・いろがみ・お花紙・紙粘土
進級記念品・お別れ会のプレゼント・修了式会場の飾り

年間指導計画 5歳児

発達の特徴や子どもの姿

- 自分のイメージや考えたことをいろいろな材料・用具を使って作ったり描いたりする。
- 仲間と一緒に考えたり工夫したりしながら、自分たちの作りたいものを作ろうとする。
- 材料・用具を工夫して使い、イメージを広げたり、仲間と共有したりしながら遊びを進める
- 友達の作品に関心をもち、認めたり自分も取り入れたりしようとする。

4～8月（春～夏）

造形・表現活動における指導のポイント

- 今まで経験してきた材料や用具にも存分に触れ、今まで感じなかった発見や楽しさが味わえるよう時間を十分に取ったり、繰り返し体験したりできるように計画する。
- それぞれの子どもが表現していることを読み取り、個々の子どもの思いを大切にしながら認める。
- 自分の思いが表現できにくい子どもには、何を作りたいのかなどを聞きながら、アイデアを出したり手助けをしたりして完成の喜びが味わえるようにする。
- 絵の具遊びなどの今までの経験を生かし、大きな紙に友達と協力しながら表現することを楽しめるように働きかける。

この時期に経験させたい造形・表現活動

絵の具遊び
絵の具・ローラー・ノッポ筆・パス・絵の具・墨汁
ローラー遊び・ノッポ筆遊び（刷毛・大型キャンバス）・大型こいのぼり（手型遊び）・はじき絵・にじみ絵

カラーシャボン玉
絵の具・シャボン液

色水遊び
草花・果物の皮・夏野菜・すり鉢・容器
ジュース作り

七夕飾り・風鈴
短冊・いろがみ・紙コップ・ペットボトル・サインペン・鈴・ボタン

製作遊び
段ボール・箱・カップ・筒
段ボールの家作り・基地作り・積み木

紙飛行機

船を作る
ペットボトル・ビニールテープ

絵を描く
絵の具・パス・サインペン
小動物などの生き物・栽培物（タケノコ・豆・ヘチマ）・タンポポ・風船

体験したことから思いや夢を描く
絵の具・サインペン・墨汁・コンテ・パス
カエルの音楽会・カタツムリの競争・泳げるようになりたい・いっぱい魚を捕りたい・こんな船に乗りたい

粘土・砂遊び
土・砂・粉粘土

土粘土で遊ぶ
踏む・持ち上げる・伸ばす・丸める・広げる・積むなど塊で遊ぶ

新聞粘土を作る
新聞紙・のり

造形・表現活動を通して育てたい力

- いろいろな材料・用具を選んで使い、自分の感じたことや思いを自由に描いたり作ったりすることを楽しむ。
- 自分の目的を達成するために、イメージを広げ、工夫して表現する。
- 仲間と共に、共通の目的に向かってイメージを共有しながら作る喜びや達成感を味わう。
- 友達の作品の美しさや面白さ、工夫しているところを認め、互いに関心をもつ。

9〜12月（秋〜冬）

- いろいろな材料を子どもと一緒に集めたり、分類したりしながら、必要なものを自分たちで進んで準備するよう働きかける。
- 木工など初めて経験することは、安全性に気を付けたり、できるようになるまで時間がかかることもあり、地域の方などに手伝っていただくことも必要なことである。
- 友達と一緒に描いたり作ったりしながら、互いの発想や工夫を認め合い、影響し合っている姿を取り上げ、保育者も共感しながら、子どもと一緒に表現を楽しめるように材料・用具を準備する。

1〜3月（冬〜春）

- 自分たちが作りたいものについて、個々の子どもの思いやイメージを話し合い、違いを大切にしながら共通にした方がよいことについて確認するよう働きかける。
- 今まで使ってきたいろいろな材料を自分のイメージに合うように選んで使い、工夫して表現するよう助言する。
- 仲間で取り組むことが多くなるが、個々の子どものよさを仲間同士で認め合えるように見守る。
- 子どもの考えが十分表現できるよう、材料や表現方法について一緒に考えるようにする。

スタンプ遊び
夏野菜・イモ・落ち葉・絵の具

スクラッチ
パス・画用紙

フロッタージュ
コンテ・色鉛筆・上質紙・落ち葉

木工遊び
木片・釘・金槌・のこぎり
船・家・店・ゲーム

ゲーム作り
箱・容器・筒・カップ・ドングリ

クリスマスの製作
ケーキ・ツリー・プレゼント

ごっこ遊び
木の実・毛糸・布・レース・箱・容器・モール・紙粘土・紙・新聞紙・和紙
お店屋さん（おもちゃ・人形・ゲーム・レストラン・アクセサリー・ケーキ）

イメージを広げたことを描く
絵の具・コンテ・サインペン・色鉛筆・鉛筆・墨汁・はしペン・タンポ
ジオジオのかんむり・11ぴきのねことあほうどり・モチモチの木（おはなしからイメージを広げる絵）
リレー・一輪車・虫捕り・動物・運動会・遠足（体験からイメージを広げる絵）

粘土で作る
恐竜・動物・鬼（土粘土）
お菓子・ケーキ（紙粘土）

自分たちで作る作品展

雪・氷遊び
雪だるま作り・氷作り・かき氷

鬼のお面・ひな人形

遊びに必要なものを作る
ボール紙・画用紙・ビニール・和紙・棒・ひご・クラフト紙・布・毛糸・段ボール
コマ・凧・すごろく（お正月遊び）
お面・衣装・人形・ペープサート・道具（劇遊び）

お別れ会・修了に必要なものを作って飾る
プレゼント・記念作品・思い出バッグ・寄せ書き
染め物・カレンダー・コップ（プレゼント）
思い出バッグを版画や絵で描く

思いを寄せて描く
絵の具・サインペン・和紙
大きくなった自分・友達と一緒に〇〇したい

版画遊び
画用紙・波ボール紙・ボール紙・毛布・布・スチレン・鉛筆・ボールペン・釘
スチレン版画・紙版画

粘土の焼き物
修了記念品（土粘土）

おわりに
造形表現の重要性と感性の豊かさや楽しさに気付かされて

　私は、長年にわたり幼稚園教諭として子どもたちと生活を共にしてきました。生活の中での子どもの表現する素朴な行為に心動かされ、感動する日々でした。子どものさりげない行為に、造形表現としての意味を考えて、このような材料があればどのような表現を生み出すのか、何が育つのかと常に考えるようになりました。

　今、大学で保育者養成の仕事に関わりながら、現場の先生たちに「子どもの生活に根ざした造形表現」の素晴らしさや大切さを伝えたいと考え、滋賀幼児造形研究会の先生方の協力を得て、活動の足跡を本として残すことにしました。

　幼児期の造形表現は、ややもすると作品が中心に評価されがちになりますが、この本では子ども主体の生活をどのように創り出すのかという観点から捉えています。ただ、子どもはその瞬間に生きているので、記録が残せていない面もあり、読者のみなさまに伝わるにはどのようにすればよいか苦労しましたが、子どもの世界観を共有していただければありがたいと思います。読者のみなさまが、造形活動の楽しさや素晴らしさを子どもの立場に立って考えていただける機会になれば、幸いに存じます。

　この本の作成に当たり、多くの方々のご協力をいただきました。特に執筆をしていただきました、大津市立堅田幼稚園　伊香由美子先生・伊香立・真野北幼稚園　大矢明先生・長等幼稚園　木村勇基先生・志賀幼稚園　平尾かなめ先生・瀬田北幼稚園　堀井久美子先生・青山幼稚園　前川沙也香先生・瀬田南幼稚園　松井千晶先生・膳所幼稚園　吉田理子先生に、心から感謝申し上げます。また、多くの写真を提供いただきました滋賀大学教育学部附属幼稚園・滋賀短期大学附属幼稚園・大津市立石山幼稚園・仰木の里東幼稚園・大津幼稚園・上田上幼稚園・坂本幼稚園・志賀北幼稚園・志賀南幼稚園・下阪本幼稚園・晴嵐幼稚園・瀬田幼稚園・田上幼稚園・真野幼稚園の先生方に心から感謝申し上げます。他にもお一人お一人お名前を挙げさせていただくことができないほど多くのみなさまにお世話になりありがとうございました。改めて、造形表現の重要性と感性の豊かさや楽しさに気付かされ、心を奮い立たせてくれた子どもたちに何よりも心から感謝しています。

　この本の出版に際して、企画や写真などの資料の整理、校正等にご尽力をいただき支えてくださいました、株式会社サクラクレパス　岡田健吾氏・山中穂乃花氏に心からお礼申し上げます。

2019年4月　　　中井 清津子

執筆者 (50音順)

※所属は2019年3月現在

伊香由美子	大津市立堅田幼稚園
大矢　明	大津市立伊香立幼稚園／大津市立真野北幼稚園
木村　勇基	大津市立長等幼稚園
平尾かなめ	大津市立志賀幼稚園
堀井久美子	大津市立瀬田北幼稚園
前川沙也香	大津市立青山幼稚園
松井　千晶	大津市立瀬田南幼稚園
吉田　理子	大津市立膳所幼稚園

実践協力・写真提供園

- 滋賀大学教育学部附属幼稚園
- 滋賀短期大学附属幼稚園
- 大津市立青山幼稚園
- 大津市立伊香立幼稚園
- 大津市立石山幼稚園
- 大津市立仰木の里東幼稚園
- 大津市立大津幼稚園
- 大津市立堅田幼稚園
- 大津市立上田上幼稚園
- 大津市立坂本幼稚園
- 大津市立志賀幼稚園
- 大津市立志賀北幼稚園
- 大津市立志賀南幼稚園
- 大津市立下阪本幼稚園
- 大津市立晴嵐幼稚園
- 大津市立膳所幼稚園
- 大津市立瀬田幼稚園
- 大津市立瀬田北幼稚園
- 大津市立瀬田南幼稚園
- 大津市立田上幼稚園
- 大津市立長等幼稚園
- 大津市立真野幼稚園
- 大津市立真野北幼稚園

著者

中井 清津子

相愛大学人間発達学部子ども発達学科教授／滋賀幼児造形研究会会長
滋賀大学教育学部非常勤講師／関西学院大学教育学部非常勤講師

- 大津市公立幼稚園教諭・園長、滋賀大学教育学部附属幼稚園副園長、滋賀大学教育学部特任教授・奈良学園大学奈良文化女子短期大学部非常勤講師・奈良女子大学非常勤講師・びわこ学院大学短期大学部非常勤講師を経て、現在に至る。
- 幼児教育、保育内容（環境・人間関係・保育内容総論）、保育者論などを専門に、現職教育として数多くの講演を行っている。
- 研究としては、幼児期の協同性に関する研究、幼稚園実習に関する研究等である。滋賀美術教育研究会、滋賀幼児造形研究会を中心に、美術教育及び造形表現について実践的研究を行っている。

主な著書

- 『保育内容　人間関係』　光生館　共著
- 『保育内容総論』　光生館　共著
- 『ワクワク！ドキドキ！が生まれる環境構成』　ひかりのくに　共著
- 『指導と評価に生かす記録』　文部科学省　共著

参考文献

- 文部科学省　『幼稚園教育要領解説』　フレーベル館　2018
- 厚生労働省　『保育所保育指針解説』　フレーベル館　2018
- 内閣府・文部科学省・厚生労働省『幼保連携型認定こども園教育・保育要領解説』　フレーベル館　2018
- カンチェーミ・ジュンコ　秋田喜代美　『子どもたちからの贈りもの』　萌文書林　2018
- 秋田喜代美　「レッジョ・エミリアに学ぶ保育の質」
  白梅学園大学子ども学研究所「子ども学」編集委員会　『子ども学　第1号』　萌文書林　2013
- 全国幼児教育研究協会　岡上直子　『ワクワク！ドキドキ！が生まれる環境構成』　ひかりのくに　2017
- 『新 幼児と保育』編集部　『子どもとアート』　小学館　2013
- 磯部錦司　福田泰雅　『保育の中のアート』　小学館　2015
- 槇英子　『保育をひらく造形表現』　萌文書林　2011
- 無藤隆　『幼児期の終わりまでに育ってほしい10の姿』　東洋館出版社　2018

イラスト

とりこ

生活に根ざした　かく・つくる・造形遊び

2019年5月1日　第1刷発行

著　者	中井 清津子
発行者	西村 彦四郎
発行所	株式会社サクラクレパス出版部
	〒540-8508　大阪市中央区森ノ宮中央1-6-20　TEL（06）6910-8800（代表）
	〒111-0052　東京都台東区柳橋2-20-16　TEL（03）3862-3911（代表）
	https://www.craypas.com
	※本書に関するお問い合わせは、弊社（大阪）出版部にお願いいたします。
	※落丁・乱丁の場合はお取り替えいたします。
印刷・製本	株式会社シナノ

© SETSUKO NAKAI 2019 Printed in Japan
ISBN 978-4-87895-138-1
定価はカバーに表示してあります。